你不必
生来勇敢，
天赋过人

你不必
生来勇敢，
天赋过人

生活，从来都不会辜负一个想要“变好”的人。

生活中最困扰我们的事，有时真的没有答案。

不过，真正的“活明白”，

就是能在接受了人生的循环设定后，

依然步履不停。

《你不必生来勇敢，天赋过人》　席慕蓉蓉　著

无聊的人活在道理中，有趣的人去了故事里。

《你不必生来勇敢，天赋过人》　席慕蓉蓉　著

你不必生来勇敢，天赋过人

席慕蓉蓉 —— 著

中国出版集团 现代出版社

平庸的人只会抱怨和对抗，

优秀的人懂得行动和改变。

不要让**理想**中的一切，

止步于**“等”**这个原地踏步的**假动作**。

+++

你必须叫醒那个**沉睡的自己**。

你不对自己狠，**生活**就会对你狠；

你**不逼自己**一把，命运就会**逼你一辈子**。

那些**野心满格的人**，

往往在我们喊着不可能的时候，

默默**积累能量**，

寻找着人生的各种可能性。

不用害怕圆滑的人说你**不够成熟**，

不用在意聪明的人说你**不够明智**，

不要照原样**接受别人**推荐给你的生活，

你要去选择**坚守**、选择**理想**。

+++

一个很残酷但**不得不正视**的事实是，

人生没有“容易”二字。

人最怕的不是困难挫折，而是在困难挫折面前**顾影自怜**，

你要有一颗能抵御世事艰难的**雄心**，

而不是过分柔软只会**心疼自己**。

前　言

你一心想着要给家人更好的生活，可你成功的速度，远远追不上父母老去的速度。

你羡慕别人的诗意和远方，可等着你的只有加班和熬夜，换来的也不过是老板的一句“还行”。

你单身很久了，每每遇见爱情，你就像是一只惊恐的猫，总在对方靠近时吓得落荒而逃。

你觉得不公平，为什么有的人总是天赋过人、天生丽质，而自己却是天赋“愁”人、天生“励志”？

你觉得不甘心，为什么别人的生活总是一帆风顺、风生水起，而自己却是一路沧桑、溃不成军?

你自卑过，也困惑过，为什么别人可以成为“那些年，我们一起追的女孩”，而自己却成了“那些年，一直都没有人追的女孩”？

其实，你只是怕，怕还没有功成名就就老了，怕来不及过上自己想要的生活，怕遇不到真正喜欢的人。

其实，你只是不安，不安于过去的回忆重重，不安于现状的一事无成，不安于未来的遥不可及……

这时候，请允许我对你说一句：山高路远，来日可期，你怕什么来不及？

你还年轻啊，不够好又有什么关系？

命运只给开头，不管结尾。未来会怎样，你可以自己拿主意！

关于感情

如果不爱了，那就放过自己，努力过好一个人的生活；如果还很爱他，就别装作不需要爱情了。还有回旋的余地时，对方如果退了一步，你就不要再进一步了。

总之，你既要有能力过好一个人的生活，也要有姿态让别人有机会来和你在一起。

人生有两样东西千万不要错过：一个是，最后一班回家的车；另外一个是，最后一个深爱你的人。

感情里同样也有两样东西千万不要隐瞒：一个是，假如你不爱对方却假装深爱着对方；另外一个是，隐瞒着一个人却爱另外一个人。

关于差距

当你在想玩什么的时候，有人在想学什么；当你天天想准备做什么的时候，有人已出发；当你在为某次失败而灰心丧气的时候，有人已开始下次尝试；当你想着“算了吧”的时候，有人却在咬着牙说“再试试看”。

所以，人与人之间差距的实质不总是与生俱来的，那些比你厉害的人，并不都是因为他们家境比你好、天赋比你高，更大的可能是，他们比你坚持得更久了一点儿，走得更远了一点儿。

任何细小的改变，乘以 365 天，乘以 N 年，都将是巨大的。

关于麻烦

不是只有惊天动地的人生才会遇到麻烦，平凡人的普通日子，也需要不断地搞定麻烦。

谁不是一边不想活了，一边努力活下去？

麻烦搞不定时，就把圈子变小，把语言变干净，把成绩往上提，把故事往心里收。

沮丧失望时，就沉下心来学点东西。

不安难过时，就把目光放在当下的每分每秒。

万一哪天，真的被命运踢进了深渊里，也只有脑子里的见识和手上的本事，才可以让你编成绳索，带你脱身。

关于情绪

明明很想哭，却还要去假装微笑；明明很在意，却满脸的“我无所谓”。

明明想留下对方，却决绝地喊着“恕不远送”；明明痛苦，却偏偏说“我没事的”。

明明舍不得，却总喜欢说“我早就受够了”；明明很受伤，却还要安慰对方“你不必觉得亏欠我”……

可惜的是，伪装出来的成熟稳重，永远都于事无补。

你最终要学会卸下伪装，去跟真实的自己和解。

别人不相信你，你不必拼命证明、努力解释。只要你自认为是对的，就不必跟人计较。

生活很少完美。

只要你**愿意努力**做出改变，

那些让你糟心的状态都会**慢慢好起来**。

别人讨厌你，你不必处处讨好、事必躬亲。只要你遵从了自己的良心，就不用觉得委屈。

关于生活

如果爸妈命令你，“合适的年龄要结婚，从来如此”；如果亲戚诟病你，“不帮亲戚就是冷血，从来如此”；如果好友教育你，“不生孩子就是自私，从来如此”；如果外人提醒你，“结婚就应该办一场盛大的婚礼，从来如此”……

请你一定要反问一句：“从来如此，就对了吗？”

除了“从来如此”，你其实有无数多的选择。不要被现实的顽固和虚张声势给吓住了。任何事情，都值得问一句：“我不这样，又能怎样？”

一个人最大的不幸，不是曾经遭受了怎样的折磨，而是他虽然终日忙碌，却不知道自己适合什么，喜欢什么，需要做什么，只是在迎来送往中，匆匆地度过了糊里糊涂的一生。

这世上**有些势利**是隐形的。

人们赞赏强者的**偶尔心软**，

却把弱者的**善良当成软弱**。

+++

生活不会如你想象的**那般好**，

但也一定不会像你认为的**那样糟糕**。

只要你**别心虚，别逃跑，**

总有一局能让你漂漂亮亮地**赢回来**。

关于努力

一定要时刻提醒自己：千万不要自我感动。什么熬夜看书到天亮，连续几天只睡几小时，多久没放假了，等等。如果这些东西也值得炫耀，那么流水线上任何一个人都比你努力多了。

人难免天生有自怜情绪，唯有时刻保持清醒，才能看清真正的价值在哪里。

同时还要时时鼓励自己：要用时间去换天分。常常有人喜欢拿“顺其自然”来敷衍人生道路上的荆棘坎坷，却很少承认，真正的顺其自然，其实是竭尽所能之后的不强求，而非两手一摊的不作为。

是的，人生绝大多数的机会，其实都是在你全力以赴的路上遇到的。

你不必瞻前顾后，犹犹豫豫，只需要脚踏实地，步步为营。

你不必生来勇敢，天赋过人，只要能全情投入，诚诚恳恳。

你不必焦虑慌忙，假装快乐，只需心怀善意，去领会命运的意味深长。

你不必沮丧无措。要想做人生主角，就请少安毋躁。

+++

永远都不要为了目的而忘了初衷。

就像给风命名的，

不是它要去的方向，而是它来时的方向。

目　录

+++

内心强大，从勇敢开始。

而一个人最大的勇敢，并不是去冒险，

而是决定相信自己。

如果还是一个人，
那么就努力生活

+++

1.

如果那么努力地去追求自己想要的感情，还是以失败告终，那就好好地停下来，努力地过好一个人的生活。因为，当你活成漂亮的自己的时候，美好的爱情终将不期而至。

前不久，麦麦失恋，邀上我们几个好朋友一起出去喝酒。

麦麦边喝边哭，边哭边控诉着花心男友的斑斑劣迹。梨花带雨的表情，看得我一阵难过。麦麦是那种特别死心眼儿的姑娘，一旦认准了一个人，无论天涯海角，都会傻傻地跟着他。

不管麦麦有多贤惠，也不管到后来麦麦是多么委曲求全的哀求，男友还是决绝地离开了，带着他的新欢，在她的世界里消失得无影无踪。

有时候感情就是这样，不管你付出了多少，也不管你在这段感情中多么努力，一旦出现了一个更加让对方心动的人，那么你之前所有的努力、所有的温情，在对方的眼中都变成了多余的那部分。就好像肚子上的那块赘肉，让人除之而后快。

看着麦麦那么难过的样子，我伸出手，帮她擦了擦眼泪，刚想安慰她几句的时候，一直默默坐在旁边喝酒的荔枝突然发话了：是手机不好玩，还是酒不好喝，或者是我们这群朋友不够逗，你要这样为了一个男人肝肠寸断？

荔枝说：爱情是什么？爱情就是在来的时候轰轰烈烈地去爱，在去的时候潇洒地转身走开。他又不是你爹妈，凭什么一定要为你不离不弃？人们总是在犯一个愚蠢的错误，觉得既然爱了，那就一定要厮守终老，就一定要儿女满堂。可是你想过没有，你们在一起的时候是因为爱情，可是在时日的推移中，他已经不再爱你了，这是他也控制不了的。既然连在一起最初的设定都推翻了，为什么还要勉强把一个不爱你的人绑在自己的身边？就仅仅因为你还爱他？那么，你是有多自私才希望一个不爱你而你还爱他的人留在自己身边？这和他的花心比起来，也不相上下吧？

的确，爱情本来就是一场你来我往的游戏，要想继续下去，就必须保持着双方势均力敌的热情。如果对方已经毫无兴趣想提前离场了，而你却还在苦苦纠缠。那么，苦的是自己，难受的是别人。

别拿痴情和专一当成占有欲强的挡箭牌，爱情并不是非他不可，除了他，你还可以爱上别人。人们总是容易被自己蒙骗，总觉得和自己在一起的那个他，是这世上独一无二的人，可是当你重新爱上另一个人的时候，就会发现，原来那个他也不过尔尔。

2.

荔枝曾经也如麦麦一般死心塌地地爱过一个人，甚至用情更深，爱得更重，但是分开得也更彻底，更痛彻心扉。

荔枝和男友初三时就在一起了，一起风雨无阻地走过了青涩稚嫩的高中三年，为此还多次被老师约见双方家长。上大学时，当所有情侣还浓情蜜意热情似火的时候，他们已经自嘲彼此是老夫老妻了。

上大学时两人是异地恋，荔枝在长沙，男友在广州。两个人远隔千里，可是并不像大多数的异地恋那样，会吵得天翻地覆，纠结得肝肠寸断。他们就像一对相处了几十年的夫妻一样，特别有默契。

记得荔枝曾经跟我们说过，有时候她真的相信心有灵犀之说。因为有好多次，她刚拿起电话想给男友发个短信，在下一秒，他的电话就打过来了；有时候在宿舍看书看累了，刚想上网跟他聊聊天，在下一秒他那边就发视频过来了；还有一次，明明两个人没有事先约好，寒假回家的时候，那么巧的就买到了同一辆车的车票，而且还那么巧的就在同一个车厢。

荔枝说，他们原本打算大学毕业两年后就在长沙买房、结婚，然后去巴厘岛拍婚纱照，度一个长长的蜜月；再过两年，就要两个小孩，最好一儿一女；等他们长大一些，就牵着他们的小手，去厦门的沙滩看海。

这以上的种种，连想起来都会觉得美好得无以复加。

但是遗憾的是，这一切，都没有发生。

在毕业的第二年，就是他们准备结婚的那一年，也就是他们在一起整整十年的那一年，荔枝的男朋友走了，是真的走了。

不是分手，是死了。

荔枝直到今日对当天发生的那一幕依旧历历在目。当时她在街对面打电话，因为工作比较着急，自己一时也变得急躁起来，看了看马路上没有车，就横冲直撞地朝着在对面等她的男友走过去。

突然耳边传来一阵急剧的刹车声，然后就是自己被一个横推飞出了几米远。荔枝还没明白发生什么事情的时候，就看到停在自己身旁两米外的车轮底下冒出一摊鲜红的血迹，然后就看到了男朋友那张血肉模糊的脸。

荔枝当场昏死过去。

现在有时回想起来，荔枝真的很恨自己，恨自己为什么那么专横霸道，恨自己为什么那么刁蛮任性，恨自己为什么错的是自己，而付出生命代价的却是自己最爱的人，恨自己为什么在最后一刻那么𡲰地直接昏倒，不然还可以在死别前多看他几眼。

可是又能怎样呢？不该走的人走了，再也不会回来了，伤心难过也于事无补。

那一年，荔枝一直颓废沮丧地活着，很多时候，吃饭吃着吃着突然就哭出来，看电影看着看着就止不住地掉眼泪，甚至工作的时候也会一不小心就哽咽起来。

过了一年，荔枝突然想明白了，她说，他一定想我开开心心地活着吧？一定希望我越来越漂亮，一定不希望我难过，一定不希望我没有人陪伴。那么，我就一定要更加努力更加坚强地活着，带着他的希望、带着他给我的爱，好好地活着。

现在的荔枝，早就不是曾经的那个颓废的她了，她会把自己打扮得精致又漂亮，她会接受那些阳光帅气的男生善意的邀约，她会在工作上尽心尽力，她会把自己的生活管理得井井有条，她会花时间去健身，去练瑜伽，周末去爬山，去游泳，利用年假去巴厘岛好好地玩上半个月。

3.

爱情就是这样，不管你多么用力，即使对方也愿意跨越千山万水来到你身边，可是你永远不知道，你们之间会有怎样的阻隔。

有时候是冷漠绝情的背叛，有时候是热情散场后的意兴阑珊，而有时候，是生与死。

某天看书的时候看到一段话：你要好好努力，知道生命里还有很多美好，学会照顾自己的身体，别过分地拼命，还有不要钻牛角尖，谁都得碰到点儿难熬的事情才能长大。失去了谁都不要紧，因为以后还会有很多人陪你。

每个人都有一段难熬的时光。生活的窘迫，工作的失意，爱的惶惶不可终日……一辈子不长，只要健康地活着，真诚热烈地爱着，也不失为一种幸福。

晚上少熬夜，皮肤想不好都不行；少玩手机，多看书，谈吐不雅都不行；少宿醉，多喝水，没有精气神都不行。别再过于思念一个人，别再为了爱情要死要活，多出去看看世界，多关心身边的人。

没有人可以单靠着感情而活着，当一个人光彩熠熠的时候，全世界都会对他点头微笑，走到哪里都是一路花开。

如果耗尽心力，但是依旧爱而不得，终究注定一个人，那么就潇洒地放手，还自己一个海阔天空，努力把自己的生活打扮成梦想中的样子。

如果这样，说不定有一个更加美好的人，会在前面等着与你不期而遇吧。

会有的，一定。

你不必生来勇敢，天赋过人

+++

1.

在青春年少的时候，我也曾同大部分女孩儿一样，憧憬着一份白头偕老的感情，期待着花好月圆的浪漫。

可直至遇到了几个渣男，跨过了几条臭水沟，才终于明白，绮丽的风景，只有自己使足力气才能到达，从来都没有人愿意陪伴满身稚气的你，一路披荆斩棘。

然而，即使撞得遍体鳞伤，即使偶尔会满身污垢，但是看到最美的风景时，我还是会从心底里感谢自己这一路走来的坚强，在受尽伤痛之后，反而成了一个铿锵霸气的姑娘。

素素是我的高中同学，长得不算漂亮，有点儿婴儿肥，但是声音很好听。那时候，素素和班里的很多女生一样，喜欢同班的一个男生，但是她不敢像其他女生一样，大胆而热烈地展开追求。她只会暗自小心翼翼地喜欢那个男生，关注他的一举一动。

毕业之后，那个男生考上了湖南师大，而素素因几分之差和二本失之交臂。素素没有选择继续复读，而是去深圳打工。

我原本以为，自此之后，因为两个人所处的环境不同，加上素素已进入社会，生活圈子大了，自然就会忘了她曾经那么喜欢的一个人。可是我没想到的是，素素是个痴情种，即使工作之后，也会不定时地跑回长沙，以见我之名偷偷跑去见他。

那男生大二那年，他们确立了恋爱关系。那时候她工资并不高，但还是经常省吃俭用给男生买名牌衣服、最新款手机，定时给他打生活费，每个月雷打不动地从深圳赶回长沙看他。

我曾经劝过她不要这么轻率地死心塌地。可是素素说，爱一个人不就应该这样吗，不求回报，倾囊相授。

我大四那年最后一次见素素的时候，素素哭得梨花带雨。原来，那男生其实在大三那年就跟另外一个女生在一起了，他用素素给的钱，带那个女生去做素素曾经想跟他一起去完成的事情，给她买名贵的包包，带她看昂贵的衣服，甚至在她生日的时候向素素要了两万块钱，为她买了一条项链。

但是他不知道的是，这两万块钱是素素预支了几个月的工资，再加上跟朋友东拼西凑才凑齐的。却被他为了博另一个女生一笑，眼都不眨一下就全花光了。

而这一切，素素一直被蒙在鼓里，最后还是那个女生主动找她炫耀示威时，她才明白了这一切。

当她不顾老板的反对，毅然决然千里迢迢从深圳赶回长沙质问那个男生的时候，他却连宿舍楼都不肯下，素素独自一人站在宿舍楼下，冻得瑟瑟发抖。

打了十几次电话，男生才不耐烦地接起，原本素素只是想听他解释一下，可是男生却连谎都懒得编了，他说，我们分手吧，我们根本不可能在一起的。

素素哭着问为什么。男生说因为他父母不愿意他找一个没学历的姑娘做女朋友。

素素在那一刻才明白，原来这么久以来，爱情都只是自己的一厢情愿和满腔孤勇而已。在对方眼中，自己就是一个又傻又没学历又蠢的备胎。不，甚至连备胎都算不上，因为自始至终，男生也没有真的打算跟她在一起。可能只是把自己当作公司门口那台冰冷得没有任何感情的提款机吧，卡插进去输入密码，就开始哗啦啦地吐钱。

素素从我这里走后，仿佛就从此销声匿迹一般。直到我大学毕业后许多年，我都没有再见过她。

2.

前不久的时候，她看到我写的文章后突然与我联系上了。

我说，素素好久不见了，我好想你。

她给我打来电话，说不久来厦门看我。

当我再次见到素素时，她开着一辆大红色的奥迪超级跑车，那种强大的气场，那种挂在脸上明晃晃但是略带高冷的笑，以及藏在墨镜背后凌厉的眼神，让我觉得，才短短三年，素素已经完全变成了另外一个人。

她不再是当年那个黏人、懦弱、花痴、小心翼翼的姑娘了，如今的她走路带风，说话声音依旧好听但是铿锵有力，举手投足之间干练潇洒，活脱脱一副御姐范儿。

原来，素素那次回深圳之后，辞去了之前安逸闲散的工作，在一个爱慕者的帮助下，去了一家 4A 广告公司做小助理。那一年，她每天在家的时间不超过六小时，平均每天有十七八个小时扑在了工作上。

工作很累，她再也没有一点儿时间去想念过去的人。当慢慢习惯了那种生活状态之后，稍有闲暇，在她的脑海中，那段犯傻的岁月回想起来，浮现的是更多的苦笑和无奈。

她说，原来自己还有过那么傻瓜一样的四年时光，现在回想起来，都觉得是做了一场噩梦，因为这和自己的“人设”不符啊。自己什么人啊，明明是叱咤商场的女魔头，怎么会为了那么点小情小爱而闹得如此狼狈。

是啊，素素用她的努力和实力，三个月转正，半年为公司拿下了第一个超五百万大单，八个月升部门主管，一年半坐上了部门经理的位置，如今已经是那家公司的销售部副总监，年薪八十万，成为公司有史以来晋升最快、最年轻、学历最低的副总。

她说，那段时间，她真的不觉得自己很吃力，虽然很苦很累，但是只要想起工作，想起属于自己的战场，就好像浑身都充满了战斗力一样，工作逐渐熟练，业务能力也在那一年突飞猛进。

素素说，哪有什么离不开的人，哪有什么忘不了的感情，哪有什么愈合不了的伤疤？当感觉到痛了，当觉得前途一片灰暗了，当自知无能为力了，就会像条件反射一样，开始缩回了手。转过身，擦干泪，心上已经包裹了层层钢铁，到那时候，也就无所畏惧了。

如果不是当初的那场背叛，如果不是当初那个人那么冷漠无情的伤害，在自知输了爱情的情况下，素素又怎能以另一种方式重生，而赢得一场轰轰烈烈的人生。

生活常常是这样，它会把你的头按到尘埃里，让你品尝数不尽的委屈和苦难，然后逼着你投降。它会让你出身平凡，同样的年纪却要经历不同的命运。它会让你遭受无数的生活重压，但除了扛过去别无他法。

因为，普通人的逆袭，从来没有“容易”二字。

3.

这世界就是这样，有些人在生活遇到的打击面前屈服了，从此一蹶不振；有些人则坚持挺住了，于是能鼓足勇气爬起来逆袭成功。显然，素素是后者。

我说，你一定从来都不曾怪过他吧，因为如果不是他，你真的不知道自己的生活除了一份潦草的感情，还有另外一种重生的可能；当然，也不曾有过任何感激吧，因为毕竟是他，让你体会到了这辈子低到尘埃里的卑微。

素素哈哈大笑，唇齿间云淡风轻，说真不愧是情感作者，一语中的。

“对啊，这么多年了，其实我很想对他说一句，幸亏输了那场惨淡的爱情，不然我怎会这么轻易地就赢了人生呢？”

是的，走不通的路就回头，爱而不得的人就放手，得不到回应的热情就适可而止，别把一厢情愿当成了满腔孤勇，也别把对方的厌烦当成欲擒故纵。有时候我们需要的，不是一碗鸡汤，而是一个响亮的巴掌。

我们总是这样，把感情当成了生活的全部，当成了苟活于世的所有寄托。可是坏人那么多，低谷那么长，不跌跌撞撞，磕磕碰碰，又哪能这么轻易地就走到天明？

没有人生来勇敢，天赋过人。即使那些叱咤风云的人，也曾有过暗无天日的时光。当风雨袭来时，唯有坚强和努力能让我们挺过去。

优秀的人，才有人生的主动权

+++

1.

毕业刚参加工作的时候，我认识了一个实习生姑娘曲歌。

曲歌虽然名字很美，但她真的是一个长相普通的姑娘，小眼睛，塌鼻梁，单眼皮，一米五五的个子，一百二十斤的体重。

曲歌人不漂亮，也不聪明，有些事情你跟她说三遍，她也不一定学得会。

可是就是这么一个姑娘，当我在朋友圈看到她的婚纱照的时候，却有一阵发自内心的感动。那个面对镜头笑得十分甜美幸福的姑娘，那个皮肤紧致、身材娇俏的姑娘，那个画着精致妆容、涂着烈焰红唇的姑娘，和三年前的那个傻乎乎的姑娘相比，已经判若两人。

三年的时间，我看到了她点点滴滴的改变，很多次我加班到深夜，关掉电脑准备下班的时候，看到她还在电脑面前做着第二天的工作计划。

几乎每个周末，八九点钟我从美梦中醒过来刷微信的时候，看到她在三个小时前就发了跑步时看到清晨东升的太阳的朋友圈。

很多次有空闲的时候，我约她出去逛商场，她总是说我今晚还有瑜伽课还有健身课呢；周末约她去喝茶的时候，她说我在学插花、学画画、学化妆呢……

直到今天，她早已瘦成了一道闪电，虽然个子依旧不高，但是身材凹凸有致；虽然模样依旧算不上漂亮，但皮肤白皙紧致；虽然依然谈不上绝顶聪明，但是因为勤奋上进，早就成了公司的部门主管，手下管着十几号人，月薪破万；虽然依旧大大咧咧，但是现在的她已经成为兼职的瑜伽老师和化妆老师；虽然依旧算不上一个物质富足的成功女性，但是无论谈吐还是学识，都超出很多毕业三年的姑娘太多；虽然依旧经常自嘲她妈把她生歪了，可如今身边已经有了一个很爱她的优秀老公。

她跟他老公是在图书馆认识的，两个人面对面坐了一个月，后来男生终于鼓起勇气要走了她的电话号码。从此之后，两个人花前月下，半年的时间，就走进了婚姻的殿堂。

她说，三年前的自己，从来不曾想到自己将来有朝一日会遇上这样一个优秀又疼爱自己的男人，她甚至觉得自己会因为长得不漂亮而孤独终老。

可是曲歌她自己不知道，如今的她，虽然算不上美女，但早就不是当初那个丑小鸭了。她身材火辣性感，她会穿衣打扮，她妆容精致又不夸张，她面对陌生人的时候言谈举止优雅大方，她独立又率性。像这样优秀的姑娘，早就足以配得上一份安稳踏实又甜蜜幸福的感情了。

只有自己变优秀了，其他的事情才会跟着好起来，别整天奢望会遇见什么对的人，不然就算遇见了也抓不住。你优秀了，自然有对的人与你并肩。愿你执迷不悟时少受点伤，愿你幡然醒悟时还赶得上。

2.

我身边有很多长相平平的姑娘，无论哪一个，其实只要稍微拾掇一下，就会成为大众眼中所谓的美女。

可是她们中很少有人，会花精力花时间花金钱去投资在自己身上，反而总是一边埋怨男人只看脸、胸还有大腿，一边继续默默地自卑和感叹命运的不公，不能给自己一副漂亮的皮囊。

无可否认，大多数的男人在择偶的时候，会第一时间审视对方的长相，但是这也丝毫不能影响一个姑娘可以在其他方面努力地弥补长相的不足。因为，总会有一个人，在爱情的道路上跋山涉水走向你，爱上你的与众不同。

即使不漂亮，你也可以优雅大方；即使不好看，你也可以把自己的身材保持得很好；即使不性感，你也可以成为一个经济独立、思想独立、不依附于他人的好姑娘。

一个人，只要有一种出色的长项，就足以打败太多庸碌平凡的人了。更何况，我是真的相信，只要你稍微学一点化妆技巧，这个世界上除了懒女人，就真的不存在丑女人。

要知道，身边还有很多大学期间看起来十分普通的姑娘，一入社会之后，通过自己的努力，通过内在与外在的改变与提升，一个个成了男性眼中的女神。一出校门，身边就从来不乏优秀的追求者，而这些姑娘很多都嫁给了一份质量还不错的爱情。

我们喜欢在起点给自己不停地打气，那些野心满格的人却早已经背着行囊开始远行。结果，最开始，全世界都听到了你的梦想，但到最后，全世界只看到了那个不声不响却实现了梦想的人。

你想要的幸福，从来都不是某个人给的，从来都是靠自己去努力争取的。你对现在的自己苛刻一分，对自己大腿小腹上的赘肉残忍一分，对自己的工作认真一分。很可能在将来，你的生活就会更加完美一分。

3.

这个社会永远都是现实和功利的，爱情和婚姻也从来都是相对公平的。所有感情中的偏颇，都将会变成未来倾斜倒塌的导火线。

虽然有很多人跟我说，曾看到过不少类似的例子：那个姑娘长得并不好看，但是她的男友又帅又有钱还有事业，关键是还很爱她；那个男生并不出色，可是他的女朋友胸大腿长腰细，还对他死心塌地。

亲爱的，这些其貌不扬的男生女生，其实一定都有你所看不到的过人之处。那个不好看的姑娘，或许人家温柔体贴，善解人意，知书达理，事业也能独当一面；那个不出色的男生，或许人家细心体贴，踏实沉稳，上进勤奋，前途一片光明。

可是不管怎么样，我从来都不觉得，一个人就因为自己长得不好看，就要在感情中妄自菲薄，就要在面对爱情的时候患得患失，就要在婚姻里委曲求全。

当你努力做出改变，把那个卑微的、那个不自信的、那个有点黯淡的自己慢慢搬移出自己的生活，而开始努力提升自己的外在打扮，努力提升自己的内在修养，努力提升自己的业务水平和生活质感的时候，不管是对未来的自己，还是单纯的感情选择，你都有了更加有分量的筹码。

至少你不再自卑，不再低眉垂首，不再因为懦弱而不敢跨进新的生活。

安全感只能
你自己给自己

+++

1.

欧阳姐是我们一众朋友中公认的小富婆，深圳、厦门、长沙各有一套房，座驾是一辆炫酷到爆炸的大红色保时捷 911，老公是一家月营业额超千万的广告公司老总，而欧阳姐也是女强人，她自己的公司也搞得风生水起。

在群里聊天的时候，小 A 在群里说，妈呀，又快过年了，回家肯定又得被唠叨结婚的事儿。我的真命天子啊，你究竟在哪里啊？

欧阳姐说，其实爱情这个东西，讲究的不是缘分，而是时机。当你在人生低谷的时候遇见的爱情，那么八九不离十也是一段潦倒的感情；而当你在风光无限的时候遇见的爱情，自然就是一段白马王子和公主的爱情。至于灰姑娘和王子的爱情桥段，是真的只会出现在童话故事里的。

可以很现实地说，在感情的世界里，并不是童话故事里渲染的那么纯粹，它需要势均力敌。

真正的明智不是做白日梦，不是躲避，而是欣然地面对，全然地接受，接受此刻你正在经历的一切好与坏。

如果你和对方的差距很大，那么你就免不了要过诚惶诚恐、小心翼翼的卑微日子。毫不夸张地说，你连不满的资格都没有，又哪来安全感可言呢？

如果你想要安全感，就得先努力让自己成为一个优秀的人。毕竟幸福的路，没有捷径可言。

2.

欧阳姐其实一开始家境并不富裕，她高中毕业就孤身一人南下打工。做过很多职业，最后凭着一股子想要改变命运的劲儿，硬是读完了函授本科，拿到了中南大学的学位证书。

也是在那段时间，她开始做电商，从一个东捡西挑的小淘宝店主，一步步做到现在拥有自己独立的品牌，成立了自己的公司。

欧阳姐长得漂亮，又挺会化妆打扮，一直以来，从不缺乏追求者。但是那么多年，她始终没有选择和另一个人一起打拼，然后成家，最后走上传统女性相夫教子的路。

在那段时间，她拒绝了所有人的追求，孤身一人在深圳这个人才辈出的城市咬牙坚持。

其实，很多时候也会有坚持不下去的念头。可是每当想起自己最初的梦想，想起贫困的家庭现状，她还是告诉自己，如果自己都不坚强，自己就这么倒下去，难道真甘心将来庸庸碌碌、平平淡淡地过完这一生吗?

创业那段时间，她一天只睡四个小时，连打车的时候都不忘处理订单。有时候实在太累了，坐个公交车都会打盹儿。

她曾经跟我说，你是不知道，一个女人，要想在一个浮华的城市立足，她所付出的，一定会是男人的两倍三倍甚至更多。只有这样，才会在将来的生活中，成为一个自己引以为豪的女人。

三年的时间，她的事业终于在起起落落中走上了平稳上升的轨道，当赚到第一个一百万的时候，她给自己放了一个月的假，去了趟新西兰。也就是那个假期，她在飞机上邂逅了现在的先生。她先生那时候和朋友创业，刚好去新西兰洽谈业务，两个人邻座。在飞机上，聊起了双方的事业。男人学识渊博，观点独特，谈吐风雅幽默，连营销模式在欧阳姐的眼中都是一个全新的概念。

回到深圳之后，两个人经常相约一起吃饭聊天，聊人生聊事业，聊彼此将来发展的理想。

几个月后，男生捧着鲜花，在欧阳姐刚买的房子下面向她表白了。于是，两个有共同话题、共同目标、共同理想的人，就在这样的机缘巧合中相爱了。

3.

欧阳姐曾经开玩笑说，如果当初自己不那么努力坚持，那么现在估计也早就结婚生子了。她可能需要每天照顾老公孩子的起居，可能会和婆婆暗中拉锯，可能每天在菜市场和小贩讨价还价，也可能每天在厨房里被油烟呛得满眼泪水，还有可能要担心老公是不是在外面有别的女人……

可是正是因为欧阳姐当初拒绝那些美好的追求，怀揣着理想，孤身一人往巨大的未来跌跌撞撞地闯，如今事业才略有小成，家庭幸福美满，美丽的容颜和美好的年华才不至于囿于庸碌。

4.

太多人总是太早向往玛丽苏的感情，幻想一个白马王子温柔地牵着自己的手，然后相伴终老。可是现实却往往事与愿违，很多美好的感情，在岁月的流逝中蜕变成了冷漠和争执。

有一些女性为了家庭和孩子牺牲了自己的事业和理想，她们在家务和孩子的琐碎事情中逐渐熬过了青春年华，物质上只能依靠自己的另一半，而她们的丈夫却在外面的五光十色里逐渐变得疏离。回到家，相顾无言，唯有争吵千百场。

如果一个女人，拥有傲人的事业，拥有精致体面的生活，拥有强大的气场，拥有美丽精致的容颜，拥有性感青春的身材，那么她所遇到的人，也会是更加优秀更加成熟稳重更加富有责任感的男人。这样，两个人才算得上真正的旗鼓相当。

即使真的遇到一介渣男，那又何妨？

离开他，你还有足够的资本足够的自信，找到下一个优秀的男人。你

不用因为少了一个依靠而变得楚楚可怜，因为你从来都不需要一个依靠，你也从来都不需要一份别人给予的安全感。

因为你拥有属于自己的理想的事业、体面的生活，那些物质所能给予的安全感全是你自己的。你只需要漂亮地活着，更加精致地过好每一天，安静地等着一段美好感情的到来即可。

可是为什么还有那么多的人，在自身还不足以匹配一段更加好的感情时，就急匆匆地想要把自己投入一段自己都不那么自信的感情中去？

感情并不需要用物质来衡量，但是有时候物质确实是感情的重要保障。更何况，所谓的优秀，也包括每个人对自己的评价，当你觉得自己足够优秀，能够配得上一段令自己赏心悦目的感情的时候，就大可放心地把自己交给另一个人。这样，即使将来面临分手，也能强大到保护好自己的周全。最起码，在离开他的时候，你还能有个去处，还能保证自己一日三餐无忧，还能保证自己不会因为少了这个人的陪伴，而觉得全世界在那一瞬间就轰然坍塌。

记住，千万不要在自己身无长物、思想上和心理上都未曾做好万全准备的时候，就匆忙地投入一段感情当中。因为这样，你心心念念所爱的那个人，是真的很可能在将来的某一天，猝不及防地就离开你，坚决得头也不回。

面对社会的优胜劣汰，要么站起身来摆出起跑的姿势，铆足干劲，努力向前，再向前，迎接彼岸；要么看似悠闲漫步，实际上是等待别人一个个、一次次从你身边超越，将你用力推开。

真正的安全感来自你对自己命运的掌控。相信自己有资格、有能力拥有自己想要的一切，无论是事业，还是婚姻家庭。

安全感经不起等待，更不能依靠乞求得来。靠乞求得来的“安全感”，你就失去了自由，只能俯首称臣。千万不可傻傻地指望任何人。

你的安全感只能是自己给的。依靠自己对抗世事无常，支撑自己熬过低谷，不再犹豫真心错付，不再担忧容颜易老，不再畏惧重新出发。

除了努力工作，你所有的依靠都是空穴来风

+++

1.

我不知道杨琦那半个月是怎么熬过来的，再见她时，她整个人都瘦了一圈，眼窝深陷下去，整张脸由先前的圆润光滑变得棱角锐利、线条分明。

但即使是这样，她还是美，只是从以前的东方美人变成了颇含西方风韵的姑娘。

我问她，还很难过吗？

她点点头又摇摇头说，说不难过是假的，但是正是经历过这样的劫后余生，才更明白生活从来都应该是自食其力的。之前有多少的侥

幸，后面就有多少的劫难；之前有多少的依赖，后面就有多少的不堪。

杨琦一开始信奉的生活理念是，年轻的时候，就该用尽所有的激情去玩，去闹腾，去享受，等时日变迁、容颜渐老的时候，再找个爱自己自己也爱的人共度余生。

所以，为了满足她的物质欲望，她跟一个四十几岁有家室有孩子的男人好上了。对方事业有成，家财万贯，一开始她并不爱他，只是觉得他能够给自己足够富足的物质生活。

男人许诺杨琦陪他三年，就给她一套别墅、一辆豪车，还有几十上百万的存款。这样的承诺，我想，应该曾经有好些人都跟她说过，因为她那张极具魅惑的脸和热辣的身材，真的几乎会让所有的男人欲罢不能。

但就是在这样的依赖和索取当中，杨琦却不知不觉地爱上了这个男人。他风趣幽默、沉稳果敢，跟电视剧里演的霸道总裁别无二致。唯一的区别是，电视剧里的霸道总裁，只爱女主角一个，而他却左拥右抱来自五湖四海各不相同的姑娘。

可没想到，他们才好了一年零八个月，男人的老婆找上门来，在给了她一记响亮耳光的同时，还把男人叫过来当面对质。男人面对老婆的施压，㞞了，说是杨琦看上他的钱财，勾引他在先，并向老婆保证，以后再也不跟她联系。

杨琦就这样被扫地出门，没有别墅，没有豪车，也没有所谓的百万现金，唯独有的，就是其间那男人给她买的几个名牌包、一块名牌手表，还有几套衣服、几双鞋。她甚至在被赶出来的时候，连住酒店的钱都没有，最后被迫寄住在一个朋友家中。

在生活中，在感情上，在两个人的相处过程中，我一直以为也一直都提倡双方应势均力敌。

无论是经济来源、家庭背景，还是工作能力，即使不一定对等，但都应该有一个看不见摸不着但却冥冥之中存在着的制衡点。

2.

无论是同行企业之间，还是亲友之间，常常是经济能力决定着其所在圈子中的话语权。

曾经有个姑娘跟我说，在吵架的时候，男友歇斯底里地向她吼："滚出去！"

她说："凭什么？"

男生说："就凭钱是我挣的，房子是我租的！我当然有这一切的处置权！"

你看，这时候，你所有的质问，在那一刻是不是都看起来十分的苍白无力？是啊，你凭什么呢？凭他爱你？或者凭你们之前有过一段缠绵悱恻的爱情？可是当他不爱你的时候，你又以什么样的理由住在他买来或者租来的房子里？

之前有个朋友在年纪轻轻的时候，几乎用尽所有力量在长沙买了一套公寓，面积不大，但是资金的捉襟见肘依然让她疲惫不堪。朋友们都劝她，一个女孩子没必要那么拼命，将来你的另一半一定会给你准备好房子的。

她却笑笑说，我之所以这么努力，并不是因为希望这套房子有多么大的价值，或者说有多大的升值空间。而是我觉得，即使将来婚姻不幸，没了那个家，我还能有一个属于自己的家，不至于无家可归，不至于颠沛流离。

努力的人总是有幸运之神眷顾，短短两年的时间，她的那套房子已经从每平方米七千多涨到了一万四，而她也嫁给了一个好男人，夫妻恩爱，感情顺畅，对她事事照顾，处处贴心。

朋友们都笑称，果然是什么样的女人配什么样的男人，真正有能力的男人从来都不粗着脖子讲话，也从来不会把自己凌驾于另一半之上。就如同《我的前半生》中的贺涵跟白光，一个儒雅风度，一个无赖耍泼。

我们之所以这么努力，并不是因为真的觉得钱无所不能，也真不是因为有莫大的物质欲望，而仅仅是因为明白，这个世界上，除了自己，真的没有谁可以能够让自己肆无忌惮地依赖。父母不行，爱人也不行。

3.

你努力工作，赚的每一分钱都是让自己心安的理由，是自己走路带风的筹码。就像某部电视剧里说的一样，你努力工作，赚的不仅仅是钱，还有自己的尊严。

就如同杨琦，她和有妇之夫分手之后，重新步入职场，虽然举步维艰，但是凭借着出色的工作能力，凭借着讨喜的外表，也算进步神速。没有以前的患得患失，没有以前的小心翼翼，没有以前的曲意逢迎，现在的她活得更加明媚快乐。

生活就是这样，当你经历了，前车之鉴就是最好的历史教训，让你更加明白，这个社会，如果连自己都养活不了自己，那你所有自己看起来完美的依靠，都只不过是空穴来风。

请记住，自己努力工作赚来的物质，赚来的独立，才是自己能够面无惧色对待生活的唯一筹码。

受伤害的总是你，就是你的错了

+++

常常看到朋友圈的状态，有好些时候都是关于分手的消息。其中有个姑娘，是我来厦门之后才认识的。

姑娘前一天的朋友圈是这样的："有些陪伴，走过一程算一程。我总以为，这样不算奢求的感情，应该会长久一些。可是最终还是敌不过新欢另宠。"

隔了一天，姑娘的朋友圈完全变了一个风格："失恋算什么，快乐大过天。"配图是一张走在沙尾坡的街道上，阳光明媚，天气大好，而姑娘的嘴角洋溢着浅淡的微笑。

看到阳光照射下来，姑娘精致的妆容和半眯的眼睛，还有四周温暖恬静的环境，简直美极了。

“失恋”从来都是一个十分悲伤的词语，太多人在一个人离去的时候患得患失，念念不忘。更有甚者，日日以泪洗面。

对啊，爱得越深，伤得越重。

我记得某位姑娘曾经跟我说过，在每一段感情当中，她都会耗尽心力，都会倾尽所有地想要去对另一个人好。

她说，长这么大以来，我对父母可能都从来没有这么尽心尽力过。我以为，如果自己对他好一点，他就会多爱我一分，即使将来想要离开，也会顾及我的好而舍不得走掉。

可是，往往到了最后，最决绝的那个人，往往是自己付诸心力最多的那个人。他走的时候，甚至连看我一眼都不想，最后连说声再见都怕浪费口水。

都说久病成医，不过伤害太多次，总有一次要学乖。因为受伤害的总是你，就是你的错了。

她说，在上一段感情中，在她生日的那天，自己做好了一桌子菜，买了一瓶好酒，把整个家都打扮得漂漂亮亮的，她用了最新款的香水，把阳台上所有的植物都换成了当季最漂亮的花，连床单、被子都换成了最新的。

她只是想要把自己精心布置营造的温馨送给他，哪怕那天过生日的并不是他而是自己。

可是从下午五点等到晚上十点，依旧没看到男生的身影。

她发短信给他，只收到了五个字的回复：我们分手吧！打他电话也一直忙音。十二点的时候，她实在熬不下去了，打车去了他家楼下。

这一次，他出现了。

冷风中，她的脸被冻得通红。看到他的那一刹那，她的眼泪终于控制不住，大颗大颗地往外掉。她跑过去，想要抱他。可是男生冷冷地将她推开，她愣在一边。

她说，你不要离开我好不好？我有什么做得不好的地方你告诉我，我一定改。你别不要我好不好？

男生站在面前，由于天色太黑的缘故，看不出表情，他只是冷漠地说了一句“对不起”，然后转身就往回走。

姑娘跑过去一把抱住男生，边哭边说：“我真的改，你别离开我，以后我什么都听你的，你别抛下我，求你别抛下我，好不好？”

尽管她苦苦哀求，尽管她把自己的尊严和骄傲踩在了脚下，想获取他的同情，可是最终依旧没能换回男生的回心转意。

那天晚上，她一边走，一边哭，精致的妆容早就花得不成样子，回到家的时候，衣服上的眼泪鼻涕隔着毛衣都浸得胸口冰凉。

他还是走了，真的不带任何留恋，不带任何眷顾。

姑娘难过了好久，一直沉浸在那段感情中走不出来。睡觉的时候会梦到他，吃饭的时候会想到他，连做梦的时候都会叫着他的名字，甚至看电视的时候想到他的时候还是忍不住泪流满面。

她说，在爱情里，要么生，要么死。她就是那个死过一次的人。

其实感情这东西，真的是越在乎，就会变得越廉价。或许你当初骄傲一点儿，自我一点儿，那么这个人说不定就不会走得那么决绝冷酷。虽然到最后可能依旧会形同陌路，但是因为两个人势均力敌，损耗相等，也就没有那么伤心难过。

当初的我也一样，面对初恋的时候，泥足深陷。看到好看的衣服，总会想象穿在他身上是什么样，然后省吃俭用地给他买；看到好看的风景也会想着如果跟他一起牵手走过，会是怎样的心情，于是总要把最美好的东西迫不及待地拿去跟他分享；吃到好吃的东西，也总会想到和他一起去吃的场景该有多浪漫多温馨，于是攒足了假期想要和他有一个浪漫的晚餐。

我费尽心机地把自己所有最美好的东西恨不得倾囊相授，可是，最终的结局是我一个人站在陌生的街头哭得像个傻瓜，而他却再也没有出现。

可是再难过又怎样？看他的朋友圈，从来都不曾因为少了一个我而少了哪怕一丁点儿的颜色。

对于他而言，丢失了一个人，就如同一不小心衣服上丢了一颗装饰用的纽扣。如果需要，重新补上一颗就行；如果没在显著位置，连美观都不会影响到。

姑娘跟我说，当真的在一段感情中死过一次之后，之后的那些失恋啊分手啊，都开始变得没那么痛彻心扉、要死要活的了。

一个人在情感中的成熟，原来真的只需要一个血淋淋赤裸裸的教训而已。

人难过到极点之后就会发现，原来那些自以为深情得难以丢弃的东西，真的只是需要时间来忘却而已。

没有人可以保证陪你到海角天涯，也没有人可以保证陪你到白发苍苍。

走一段路，看一场风景，站点到了，总有人会选择先下车，而我们要做的，就是要么选择一个更合适的人继续下一场的旅行，要么选择独自旅行。

这又有什么好难过的呢？

我曾经跟何先生说，如果有一天，你告诉我，你不想一起走了，要先下车了，我一定不会很难过，我也可以不恨你不怪你，但是请你明白，我会第二天就开始选择忘记你。你我之间，楚河汉界，再无牵念。

是啊，何必纠结呢？何必纠缠呢？要走的人怎么都留不住，想留的人怎么都赶不走。

如果真的选择分开了，就大大方方地让对方走，太多的纠缠总会弄得太难堪。

就像前面那个姑娘说的，失恋算什么，快乐大过天。没有他以后，什么都不用想，你只需要负责好好爱自己，好好快乐下去，就是对自己、对前段感情最好和最完美的馈赠了。

你只有一个一辈子，是时候好好待自己了

+++

1.

有人感到奇怪，为什么恋爱中的姑娘通常都是青春洋溢，不管年岁几何，在她们的身上，你都可以看见幸福闪耀着炫目的光；而一些结了婚的女人，就变得婆婆妈妈，变得琐碎和怨气十足。

张爱玲说过，原来爱情是这么脆弱的，经得起风雨，却经不起平凡。感情于生活而言，就是一袭华美的袍，爬满了虱子。乍看美好绚烂，却于生活的点点滴滴之中，又沾染了生活的尘埃。

一个女人，在初见爱情的时候，总是最美丽动人的，就像一株被精心

呵护的花，香溢满庭；而时日渐久，一直得到珍爱的，又如同一坛酒，历久弥香，而消磨在生活的琐碎之中的，就变成了别人口中的怨妇。

有些人在时日渐移的过程中，把美好的感情转换成了一种不离不弃的陪伴，一种血浓于水的亲情。虽是爱人，更胜亲人。

但是还有很多人，在冗长的相处中，逐渐增长出对彼此的嫌恶。因为恋爱中的美好，在平淡庸长的生活之中，那点儿残存的激情，早就消失殆尽。从此两人冷眼相看，甚至是恶语相向。有的人忍受下来了，却难受了一辈子；有的人选择了分手，却破坏了一个家庭。

爱情从来都不是热情，也从来都不是怀念。爱情不过是岁月流转，年深月久，彼此成了对方生活中的一部分，由此相守相伴、相知相惜。

有人跟我说过一句话，一针见血。她说，你看那个女人脸色那么差，脾气那么急，她一定过得很不幸福吧！

是的，生活有诸多的不如意，但是能深刻印在女人脸上的，莫过于长年累月感情留下的痕迹。

可是，你只有一个一辈子，是时候好好待自己了。

2.

上次去鼓浪屿的时候，船上有一个看起来大概三十几岁的姐姐，肤色红润，身材苗条，气质出众。她坐在一旁，连我们这些小姑娘看起来都不如她有青春活力。

下船之后，那位姐姐兴奋得如同一个孩子，那股子开朗劲儿和她冷艳的气质看起来有些不搭，但是又格外感染人。

由于她让我给她拍照的缘故，我们开始熟络起来。聊天之后才发现，原来这位所谓的姐姐已经四十多岁了，她听我说她年轻的时候，哈哈大笑说，我女儿跟你都差不多大了，今年大学毕业。

在咖啡馆喝咖啡的时候，她摘下太阳镜，虽然眼眶周围确实有了岁月的痕迹，但是一双大眼睛却格外清亮有神，颇有朱茵的神韵。脸上的皮肤紧致白皙，没有丝毫下垂的迹象。

聊天的时候，她的手机突然响起，不经意瞟了一眼，显示的是“盖世英雄”。我笑了笑，你先生跟你开视频了吧？

那位姐姐抿嘴一笑，脸上却倏忽有了一丝小女孩般的羞涩。

他们聊天之中，对方尽是一些关心的言语。什么哪家酒店的地理位置最好，一觉醒来推开窗就能看到大海和沙滩；什么哪条路线游人较少，但是又能看到漂亮的景色；什么哪家店的甜品味道最正宗，哪家店的特产最有特色；坐车的时候要注意包包，出门的时候别忘了涂防晒霜……最后还不忘叮嘱，早点回家。

就好像连线的那边才是一个贤惠的妻子，或者一个体贴的母亲，而我面前的这位姐姐才是一个大大咧咧的丈夫，一个第一次出远门旅游的孩子。

聊完之后，姐姐把手机放在一旁，脸上幸福洋溢，笑着嗔怪说，他就这样，爱唠叨，像个女人一样。

我笑着说，我终于知道为什么姐姐你看起来这么年轻了。

姐姐跟着笑，说话的时候，满脸的温柔，他啊，一辈子都这样，有时候有点嫌烦，但是还别说，他不在身边的这几天，我还真就丢三落四的，怪不习惯呢！

有时候，爱情就是这样，看起来不显山不露水，但是在经年累月之后，你就突然发现，原来拥有一份温馨的感情，真的会让人的整个一生都跟着发生莫大的改变。那不仅是心理上的安稳和踏实，还有生理上的悄悄改变。

如果不是拥有一个爱她如命的男人，这位姐姐又怎会有如此蕙质兰心的气质，又怎会面对岁月的洪荒却未在脸上留下深深的痕迹？

3.

有一个1992年出生的朋友去年刚生完二胎。她的生活，每天固定在同样的事情上，早上给孩子做早餐，然后上班，晚上买菜回家做饭，哄孩子睡觉。当然，还有一样，就是日复一日、年复一年地跟老公吵架。

于是，二十几岁的姑娘，硬生生活成了四十几岁的模样。她每日不修边幅，不打扮，不化妆，甚至连买衣服都懒得选懒得挑。因为生完二胎，身材严重走样，也从来不注意塑形。即使脸上的雀斑越来越多，越来越严重，也从来都引不起她的注意。虽然才二十几岁的年纪，脸上皮肤松弛而眼袋也开始下垂。

我很少看到她笑，几乎每天都是同样的表情，阴沉着脸，仿佛全世界都欠了她五百万。如果要用一个词来形容，那就是“生无可恋”。

我曾经跟她说过几次，你还那么年轻，为什么要把自己活成四五十岁的模样。

她说，已经到了这个时候，还在意那么多干什么，怎样都是活过一天，还不如随性将就着活。

的确，她的婚姻并不幸福，甚至可以说很糟糕。她的丈夫一开始做货车司机，因为酗酒撞伤了人，后面就辞职不干了。现在在家无所事事，除了喝酒就是打牌，要么就是打游戏，在街上闲逛。输了钱就问她要，不给就动手。好好的一个家，早就不成样子。

我问，你就没想过离开他吗？

她说，想啊，怎么不想，我做梦都想，可是你看，我家里还有两个娃，我要怎么离开他？

其实听她说完她的婚姻状况的时候，我真是有一些理解她的做法了。对于一个女人而言，生活一旦失去了希望，也就像一个生命失去了活力。她根本没有额外的精力去改善自己的面貌，去改善自己的生活。她所想的，不过是怎样活下去，怎样将两个孩子抚养长大罢了。

生活本就艰难，一个人的单打独斗，又哪里比得上两个人相互支撑、并肩作战来得温馨安稳？

所以，她丢失了希望，忘却了未来。只能整天以一种浑浑噩噩的状态生活着，没有笑容，没有欢乐，只有阴郁和沉默。

要知道，你亏待自己的一切，都会慢慢积在脸上，长成一股戾气。优雅和乐观不是苦水泡出来的，所以，尽量对自己好一点儿。生命中若有太多亏欠和遗憾，又如何能心态平和地优雅老去？

生活，不会因你抱怨而改变；人生，不会因你惆怅而变化。你怨或不怨，生活一样；你愁或不愁，人生不变。抱怨多了，愁的是自己；惆怅多了，苦的还是自己。你哭，生活不会流泪；你苦，生活不会烦恼。既然如此，何不微笑？既然这样，何必惆怅？人生在世，快乐是一生，忧愁也一世，何不看开些？

一个人幸福不幸福，从脸上是真的可以发现端倪的。

有些人年龄越大，却活得越发精神，越发平和，也因为世事的沉淀变得更有气质；而有的人，明明生理年龄十分年轻，却活得充满戾气，活得十分潦草和粗放。

感情往往成了这一切的催化剂。一个温存的男人，相伴的往往是一个善良而又健康的女人；一个暴躁冷血，自私冷漠，不知疼惜身边人的男人，相伴的常常是一个歇斯底里、不可理喻的怨妇。

而这两类女人，走在街上，只需扫一眼，哪个落魄，哪个幸福，从她们的脸上就能得知一二。

脸，很多时候，就是一个女人幸福与否的名片。

越卑微，越容易被世界不待见

+++

1.

糖糖在结婚之后，就很少再去买当季的衣服了。没有其他原因，只是因为当季的衣服贵。

好多次跟她逛街，她都是冬季买夏季的衣服，夏季买冬季的衣服。她说，这样实惠，省下的钱可以多买好几件了。

去年夏天的时候，糖糖看到一条连衣裙，十分喜欢，但是看看标签上 1288 元的价格就放下了。我说，既然这么喜欢，就当奖励自己这么久以来的勤俭节约，买了吧！

她笑笑说，太贵了，再等等吧，过两个月不再热了，肯定会打折的。

过了一周，我从那家店路过的时候，看到那条裙子已经下架了。

那时候，我在想，如果当初糖糖买了这条裙子，会怎么样呢？跟老公大吵一架？被老公数落她不知道勤俭持家？但是她已经够省了呀，一个季节为自己买条心仪的裙子，并不过分啊。或者老公看到之后，赞赏有加，说她眼光独特，这条裙子穿在她身上简直是专门为她量身定制的，而她也因为有了这条裙子可以开心整个夏天。

但是不管怎样，错过了就是错过了，因为不可能再有重新预演的一天。

又过了一段时间，我惊讶地得知，糖糖离婚了。原因是男人劈腿，对方是一个打扮得十分时髦的女郎，相比之下，糖糖也更加坐实了她前夫说她是毫无生活情趣的黄脸婆的判词。

后面我才知道，糖糖的婚姻是父母一手包办的，在结婚之前，她跟男人真正相处不超过二十次。只是因为父母说了，这个男人条件不错，有车有房，工作单位也好才勉强嫁的。

糖糖本想着先结婚再恋爱也可以接受，可是结婚之后，才发现那男人吝啬小气，自私跋扈，大男子主义思想十分严重，典型一副被封建思想影响极深的男人模样。

她不是没想过逃离，但是想一想，还是算了，将就着过吧，谁家里没有一本难念的经呢？

可是最终，这段婚姻还是以男人的出轨宣告破产。

2.

离婚之后的糖糖，又活成了之前的模样，该打扮打扮，该化妆化妆，看到喜欢的衣服鞋子就买，看到喜欢的人就追。

我惊讶才短短几个月的时间，她竟然变化如此之大，她笑着说，那还能怎样呢？一个人躲在房子里唉声叹气，泪流满面像个怨妇？追着前夫不依不饶，死缠烂打不要尊严像个没底线的女人？

其实婚姻就跟买衣服一样，如果永远退而求其次，选择过时的，打折的，不那么符合心意只是勉强还过得去的衣服，自己不但花了钱，还开心快乐不起来。

还不如多花点儿钱，少买几件廉价却不那么合身的衣服，去买一件自己喜欢的又有质感的衣服，既漂亮了自己，又尊重了他人，还顺便装点了一下城市，何乐而不为？

生活本身也一样，如果因为硬件条件适合，因为看起来还不错就凑合，就将就，那么不但浪费了青春，浪费了感情，最终还得不到一个美好的结局。

同样，不如花点儿心思，花点儿时间和精力，去等、去追寻一个适合自己又爱自己的人，而不是跟一个在别人眼中看着还不错、条件还不错的男人匆匆忙忙地走进婚姻。因为这样的婚姻，就像那些廉价的衣服，皱皱巴巴，即使缝缝补补，也穿不出一个像样的样子来。

不把自己当作别人世界的一部分，是自知；不把自己当作是自己世界的主角，多半意味着你已放弃自己。而能面对自己的人，才配成功；不放弃自己的人，才有资格不被放弃。

一个姑娘，首先要学会好好爱自己，才会有人来真正爱你。

如果连自己都不知道拾掇自己，不知道取悦自己，不知道把自己变成一个更加绚丽多彩的人，又怎么能奢求一个原本只是陌生人的男人来爱你疼你？

你难道真的觉得，一个优质有素养的男人会喜欢一个整日穿着廉价的、被水一洗就晕成五彩祥云连衣裙的姑娘？还是你觉得，一个有貌有才有事业的男人真的会爱上一个整日素面朝天、脸上还繁星点点的女人？

别闹了，咱们都是成年人，小孩子喜欢的童话故事真的只是故事而已。小时候你相信就罢了，长大了还被骗，那你就不是呆萌，是真蠢！

3.

记得有人问过我，自己老公不思进取，整日游手好闲，结婚几年了还一直要自己养着。但是他对自己又还不错，从来不对自己发脾气，也从来没有出去搞三搞四。所以，她想征求我的意见，和老公还要不要一直过下去？

棒打鸳鸯的事情，我做不出来，但是我想说：一个男人对自己女朋友，更何况是丈夫对妻子，不出轨，不与别的女人暧昧，不胡乱发脾气，这不是出色，更不是优秀，这是本分。如果连这些本来就应该做到的事情，在你眼中还成了优点，去平衡他不思进取、游手好闲的懒惰本性，你本身就错了。

这样的婚姻，不仅仅是打折，这是下血本，打对折嘛！

在感情中，不管婚前还是婚后，一个女性，首先要做到的，不是考虑到要如何去付出，去捆绑爱人，而是应该好好提升自己，无论是在外表上，还是在内在修养以及工作和生活技能上都要如此。

因为，只有你外表和内在修养好了，才能在感情中保持着核心竞争力；只有你的生活和工作技能强大了，才能在这个社会上保持核心竞争力。这样的话，即使离婚，你在外表上也不输给其他性感女郎；你在事业上也足够自给自足，不需要仰人鼻息。

你一定不能活成一个廉价的人，即使少买两件衣服，也一定要买那件最合身最好看的；你也一定不能活成一个卑微的人，即使你爱他爱得死去活来，在他准备转身离开的时候，也一定要提前大步走开。

请记住，越卑微，越容易被世界不待见。

内心强大
比什么都重要

+++

1.

一个男人，爱你的时候，不管多忙，总是会抽出时间来看你。哪怕刮风、下雨、下雪、下冰雹，哪怕下刀子，他总会有办法来到你身边。可是当一个男人不爱你的时候，哪怕他闲得一个人在家打游戏，也不愿意在你生病时来照顾你。

在遇见何先生之前，我曾经遇到过一个男孩子。

刚开始的时候，他几乎符合了我所有对爱情的幻想，他沉着、冷静、成熟、踏实，一起逛街的时候会紧紧握着我的手，吃饭的时候会把好吃的使劲往我碗里塞，冬天的时候会像电视剧里的男主角一样脱下外套披在我的身上。

即使当时年少不更事，但是我也总觉得，这个人或许就是我这一辈子想要追随的人了吧。因为再没有别的人，会像那时候的他一样，把自己的全部世界留给我。

上大学后，我们分隔两地。

刚开始的时候，联系还算频繁，打电话的时候总觉得时间过得太快，往往刚一分开就觉得时间过得太慢，离下次相见还有太长时间。

可是仅仅几个月的时间，感情就开始冷淡了下来。我发长长的短信，得到的总是寥寥数语的回复。打电话的时候，他总是在忙。我真的想象不到，一个刚走进大学生活的人，怎么会忙碌至此。

他告诉我说，他忙着考证，忙着准备考研，忙着做兼职，忙着写论文，忙着做课题。总之，爱情在那时候他的眼中，成了浪费时间的一件事情。

我有些害怕，于是坐了几个小时的火车去找他。站在寒风凛冽的火车站，给他打电话。

他说，我没时间去接你，这段时间也没空陪你，你自己买张票回去吧。

我问他在干吗，他说在忙。

可是听他的哥们儿说，他所谓的忙，其实只是忙着在游戏里抢人头。

时隔好几年，我总是回想起当初自己一个人站在出站口哭得像个傻瓜似的那个场景。

如今，没有怨恨，没有懊恼，也没有遗憾，只是有些庆幸。因为是那一次让我明白，感情走了就真的要不回来了。而我还要像个英勇的女战士一样，孤独一人奋力拼杀去找到那个属于自己的美好未来。

对于他而言，那些所谓的忙碌，其实都只是不爱了的借口。

所以，姑娘们，你们对自己说的那些他不是不爱我，只是没有时间联系我，我不能拖他后腿，要理解他，要体谅他的自我安慰，麻烦你们醒醒好吧！

他是忙得没有时间吃饭、睡觉还是怎样？如果他真的在乎你，哪怕只要有片刻的工夫，都会主动来联系你的。如果没有，那只能说明，这个男人，要么是发生意外了，要么就是他不爱你了。

2.

一个姑娘前两天跟我说，说她发现自己的男朋友好像变了。

我问她为什么。

她说，男生刚开始追她的时候，两个人会一整晚一整晚地聊天，会打电话四五个小时还舍不得挂断，会一到周末就提前安排好第二天的行程，第二天一大早就等在她家楼下，恨不得一天有四十八个小时陪在她身边。

可是现在，他们很少联系了。有时候自己发短信过去，要好长好长的一段时间才会收到他短短几个字的回复。打电话过去，说不过两分钟就匆忙挂断。

说着，她还将他们的聊天记录给我看。看完之后，我是真的有点儿心疼这姑娘。比如：

“亲爱的，明天是我们在一起一周年纪念日，刚好又是周末，我订了你们公司旁边的一家餐厅，我们去那里庆祝吧。另外，我买了方特的门票，吃完饭后我们就一起去玩儿好吗？晚上我也买好了电影票，就是万达电影院，你还需要买些什么零食去吃吗？你告诉我吧，我这就去买。”

“嗯，你决定就好！”

“亲爱的，我今天大姨妈来了，肚子好痛。昨天吃的麻辣烫好像不干净，今天拉肚子了。你没事吧，不会跟我一样拉肚子吧？”

“我没事，你喝点儿热水就好了。”

“亲爱的，我好像感冒了。头疼得厉害，明明感觉身体发热，可是又觉得好冷，暖气开到最大了还是不管用。家里没药了，你要是不忙的话晚上能给我买点儿药过来吗？”

“我今晚加班呢，你用热毛巾敷敷额头吧。”

“亲爱的，我今天买了一条新围巾，好漂亮！我好喜欢啊，我们公司有个姑娘也买了一条一样的，可是我感觉还是我戴起来更好看，哈哈哈。你要不要看一下，我发照片给你吧！”

“嗯。”

…………

看完之后，我说，这种男的你还不分手留着过年啊？

姑娘说，可是自己真的很爱他，而且男生可能是真的忙，他的事业刚刚起步，这时候如果离开他，岂不是有落井下石之嫌。更何况，当初他们感情那么浓烈，她不相信男生不爱他了。

我说，傻姑娘，感情再浓烈那也是以前他追你的时候了，这个世界每天都在剧烈地变幻着，何况感情？他今天还爱你爱得死去活来的，说不定明天就爱别人爱得死去活来的。实际上，没有哪一个男人，在自己最爱的女人面前能够保持高冷的姿态。在爱情面前，再成熟的男人，都会有小孩子的一面。如果像这般冷淡，说明他要么移情别恋，要么就是在这段感情中疲乏了。

后来有天晚上，那姑娘约我喝酒。

看到姑娘的时候，她端着酒杯，哭得梨花带雨。原来，白天的时候，她无意间看到男友和别的女生手牵着手逛街，两个人浓情蜜意，就连与她擦肩而过都浑然不觉。

她哭着跟我说，我终于明白了麦兜说过的那段话：我忽然明白，原来有些东西，没有就是没有，不行就是不行，没有鱼丸，没有粗面，你看这么简单的道理，连猪都懂了，我却还以为，世间的一切，都该有商量的余地。你这个局外人也懂了，可是我却偏偏千方百计地还为混账的他找理由。

人最强大的时候，不是坚持的时候，而是放下的时候。当你选择腾空双手，还有谁能从你手中夺走什么？多少人在哀叹命运无可奈何之际，却忘了世上最强悍的三个字是：不在乎。

曾经遇见过很多人，也经历过很多他人的故事。很多感情看起来会天长地久，花好月圆，可是往往到结局的时候才发现，原来最凉不过人心。

当一个男人不爱你的时候，你做什么在他的眼中都是错的，温柔是错的，安静是错的，活泼是错的，贤惠是错的，哪怕是依偎在他身边向他示好，都可以看到他嫌恶的眼神和不屑一顾的表情。

姑娘，你必须内心丰富，才能摆脱这世间的残酷。煲汤比写诗重要，自己的手艺比男人重要，头脑和内心比脸蛋更重要。最后，内心强大比什么都重要。

因为只有这样，你才能和那些渣男英勇地斗智斗勇啊！

将自己视为珍宝，
才会被生活奉为上宾

+++

1.

有人曾经跟我说过一句话，一个人即使再努力，也撑不起两个人的天空。

在一段感情中，最重要的就是讲究步调一致，讲究势均力敌。从来都没有一段感情，因为一个人默默地无私付出，最终收获皆大欢喜的 happy ending。

有人说，我相信坚持，我相信努力，因为总有一天，这样的坚持和努力会感化那个人。

就如同有姑娘跟我说起过关于她的一段爱情故事，男生孤傲，从来都是眼高于顶，而她却一直很卑微，一直耗尽心力地努力维系他们之间的那种微妙关系。这段感情她坚持了很多年，直至近日，终于修得圆满，走进了婚姻的殿堂。

她说，当一个人付出多了，另一个人在时日推移中，终会突然明了，感同身受，然后也用同样的热情来回应你。

我问过她，我说，在你们认识之初，你是什么样的？

她回答说，那时候处于青春期，婴儿肥，脸上长痘，关键是还不会打扮，而且也没有任何经济能力。

我继续问，在你们分开的这三年，你有了什么样的变化？

她说，三年里，因为坚持锻炼，现在体脂在12%左右，马甲线在一年前已经逐渐成形，早年青涩时期的那些痘痘早就消减下去，再加上学会了化妆，平常闲暇之余会练练瑜伽，爬山，看书，看音乐剧，整个人看起来精神了不少。

其实我曾看过她的照片，游泳，爬山，画画，听音乐剧，还有健身……那些在我们姑娘想来是最美好惬意的事情，她几乎都在尝试，在学习，虽然并不是每一项都很专业，但是至少跟人说起来，都不会陌生。何况，她去年就已经是一个专业的瑜伽教练了，那魔鬼身材让女生见了都会流鼻血。

这么美好漂亮又上进的姑娘，试问，会有哪一个男生能拒绝？

所以，当那个姑娘以为是自己的默默坚持，才最终感化了男生时，在我看来，却是因为当初的女生太平凡太普通，而再一次出现的时候，她和当年的那个稚嫩青涩的姑娘早就判若两人。一个平淡无奇，一个熠熠发光。说到底，是姑娘在自身上的投资最终赢得了男生的青睐，而非她以为的那些默默坚持。

在这个世界上，每个人都是独一无二的。在我们身上散发着连我们自己都不知道的魅力，这就是自我的价值。

爱一个人，不是一直傻傻地付出和妥协就能得到相应的回报的，也不是丢掉尊严，放弃自我就能赢来对方青睐的。

相反的，如果真爱一个人，就努力把自己变成更好的人，变成那个让对方有仰视感的人。在人与人的相处中，存在一个近优法则，也就是说，越是优秀的人，越能得到异性乃至周围人的好感。

你的那些卑微呀，那些妥协呀，还有所谓的因为爱他而选择的一味退让呀，在他看来，其实都只不过是更加轻贱你的原因罢了。反正你会一直退让的，反正你会不离不弃的，反正即使伤心难过，你也不会喊疼，不会流眼泪的。

可是，你真的不疼吗？

当你知道懦弱和退缩是不可能获得世界的温暖的时候，你就应当明白，当自己变成那个更加耀眼、更加美好的人之后，整个世界才会开始变得和颜悦色起来。

2.

有次在星巴克喝咖啡的时候，我旁边坐了一个姑娘，面容秀丽，妆容精致，打扮得也相当时髦，因为让人看起来就觉得赏心悦目，所以就多看了两眼。

姑娘和她的闺密坐在一起聊天，谈论的除了明星八卦，还有就是感情。可能是闺密失恋，姑娘一直都在劝她，有一段话我听得十分真切，也十分赞同。

姑娘说，其实感情丢失了不算什么，现在这个社会，有几个人没经历过几场感情中的风雨雷电？最重要的是，就像做错了一道题，扣了很多分，我们不应该在扣了分之后抓住扣分这个事情迟迟不放，因为这都是徒劳无功。

我们应该去反省，为什么会做错这道题，会丢失这些分？是题目太难，还是自己本身不会，又或者说这道题本身就是出错了？

如果是太难，几乎所有人都会失分，那就没什么好难过的了；如果只是自己不会，那就努力学习，将这些知识补充上来，那么下一次就不会遇到类似的尴尬；如果是题目本身错了，那就更不用伤心难过了，反正不是你自身的原因。

她说，在你认识我之前，我跟你一样，经历过几段感情，每次都很受伤，那时候自己太骄纵，又自以为是，明明很差劲，还总安慰自己“我就是我，是不一样的烟火”，可是逐渐长大之后才明白，有时候感情真的不是你付出多少，就能得到多少的。于是我就努力把自己变得更好，我减肥，我参加自考，我学习化妆，我学习护肤，我学习穿衣打扮，总之那些能让自己变得更加优秀，变得更加漂亮的事，只要有条件，我都去尝试。

你看，我逐渐变好看了，各方面能力也有了一定的提升。这时候，我再也不用去为了爱情唯唯诺诺了。而总会有人追在后面，告诉我：“我喜欢你啊，我想追你啊，你可以做我女朋友吗？”

我可以说 NO，继续坚持遇到一个更加称心如意的人；我也可以从这些人中选一个各方面都不错的人，和自己平安稳定地过完这一生。

她说，你看，这就是一个姑娘的优越感所能带来的变化。她再也不用面对一个人以他作为全世界了，她也再也不用在受到委屈、受到伤害后舍不得离去了。

因为，她知道前面肯定还会有更好更温暖的选择在等着呢。没必要在一棵歪脖子树上就把自己吊死呀。

是的，每一个姑娘，都期盼能遇到一个把自己视若珍宝的男生，可是往往遇到的，总是那些不懂珍惜的人。可是即使受伤，即使难过，还是舍不得轻易离开。

因为爱吗？不是！其实你还可以继续爱上别人。是因为不甘心和没勇气。当你变成一个漂亮性感、优雅干练的女人之后就会明白，那些所谓的没勇气和不甘心，都只是因为不自信而产生的负面心理反应。

那么，在遇见爱情的时候，就大大方方地爱吧。如果不爱了，就彻彻底底地分开，不要回头，不要思念。把放在他身上的一腔孤勇变成修炼自己的动力，成为一个让别人羡慕嫉妒恨的姑娘吧。

将自己视为珍宝，才会被生活奉为上宾。

别把滥情当痴情，
别把渣男当情圣

+++

1.

子萱最近问我，有没有男生跟你说过类似这样的话："我喜欢的是你，可是我也不想伤害她。"

我笑，反问她，难道有男生跟你说过？

她说，是啊，前男友今天来找她复合，就是这么说的。

我说，你是怎么回复他的？

她说，你以为你是韦小宝还是段正淳啊，或者说觉得自己帅到没朋友？

我大笑，拍手叫好。

但其实我又怎么会没听过这样冠冕堂皇冒着渣气的话？现在我们身边，多多少少都会遇见过说着类似的话骗小姑娘的男人吧。

在我的印象中，曾经就有两个男生跟我说过类似的话。

一个说，我很想跟你继续在一起的，但是我也害怕辜负她，所以你给我点时间好不好？

好什么好！明明就是脚踏两只船，还把自己粉饰成一副情圣的模样，你不嫌恶心我还觉得臊得慌呢！

既然害怕辜负人家，那又为什么在自己明明有女朋友的情况之下还费尽心思地去撩人家？一边拖着自己的女朋友不放手，一边和另外一个女生出双入对、浓情蜜意。这样，和一个待腻了的时候，还有另外一个随时等着自己回头呢！有这么聪明的头脑做点儿什么不好。

还有一个说，她对我那么好，我真的不忍心伤害她，可是我知道自己喜欢的是你，你可不可以再等等我？

我会等你的，等你们结婚生子，等你们白头到老，然后自己孤独终老？你看我多伟大，爱情多伟大啊！或者说，我会等你的，等你哪一天跟我说，要不咱们三个人在一起吧？然后坦然自若地说，好啊，好啊，只要跟你在一起我什么都愿意？

2.

不过还别说，我还真认识这样的傻姑娘。

琳琳有个相处了五年的男朋友，前两三年的时候，男朋友对她挺好的，两个人感情也很好，平常连吵架都少。甚至在第四年的时候，都去见了双方家长，准备着一两年内就结婚。

可是后来男朋友的生意越做越好，手上开始有钱了，身边也总是围绕着各色的莺莺燕燕。

我们都劝她离开这个男人，毕竟她还年轻，而且各方面条件也还不错，找一个比他更优秀而且对琳琳也好的男生并不难。

可是琳琳说，在一起这么多年了，感情怎么能够说放下就放下，何况自己根本就舍不得离开他。

她说，自己是陪他从一个馒头分着吃那样艰难的岁月走过来的人，她不相信他就这样轻易地忘了他们曾经在一起时美好的点点滴滴。

我说，傻姑娘，你是看偶像剧看多了吧！他要是真的顾及你们共患难的那点感情，今天也就不至于做出这样的事情了！他就是那种一旦富贵，就忘了糟糠的人，你别抱有幻想了。

可是无论我们好说歹说，琳琳就是不听。她一直觉得，他只是在外面玩玩，等他玩累了，就还会回家，回到自己身边。

直到有一天，有个姑娘咄咄逼人地找上门，说她才是那个男人的女朋友，让琳琳离开他。

琳琳泪流满面地找到那个男人，他却说，琳琳，我知道，你才是我最爱的人，我想跟你在一起，想跟你结婚，我也会这么做的。可是我也真的喜欢她，我也怕自己会伤害到她。所以，我们暂时分开一段时间，等我把她安抚好了，我们再重新开始好不好？

琳琳说，好，我等着你，只要你肯回头，我永远都等你！

这场景，当我听到别人跟我提起时，身上的鸡皮疙瘩掉了一地，这要放进电影里，指不定得感动多少傻女人呢！多痴情啊，多感人啊，多宽宏大量啊！

更让我吃惊不已的是，琳琳居然找到那个女生求她说，我不介意你在他身边，只要你答应他继续跟我在一起，我不会打扰你们的生活，你也不要插手我们的生活！

我的三观瞬间碎了一地。

这都21世纪了，难道是要一夫二妻？你那么卑微，你那含辛茹苦把你拉扯大、还以你为傲的父母知道此刻你的这副尊容吗？

只可惜，不过也庆幸，那个女生还算是个头脑清晰的主儿，斩钉截铁地拒绝了。她义正词严地说，他要么选你，我放手；要么选我，你出局!

结局是，那个女生在知道这个男人的真面目之后，果断地离开了。而琳琳依旧继续跟那个男生在一起。

如此也好，这样的两个人结合，也算是没耽误了其他人，至少那些头脑清醒的姑娘，在看到他有女朋友之后，不会陷入他所设计的温柔陷阱里，拯救了很多无辜姑娘的清白，也算功德一件。

3.

我一直很好奇，像琳琳男友这样浅显的套路，明明都已经十分老套了，为什么还有那么多傻姑娘争先恐后地上当，争先恐后地成了他表现出的悲情里的牺牲品。

说什么喜欢你，但是又怕伤害另一个。

其实他在跟你说这句话之前，说不定已经跟无数个姑娘说过类似的话了。

说白了，他是既不想放弃你，又想在外面继续和别的女人玩暧昧，顺利的话顺便滚个床单。看起来却一副多情的暖男模样，怕伤害到你，又怕伤害到别的姑娘。

所以，在跟你说起的时候，还以一副不得已的口吻来表述，表现出自己的无奈，也向你表演出一种无辜的嘴脸。

其实，这背后的种种，只不过是他为了满足生理上的需求，甚至是轻微的人格扭曲，一边想身边有个长期的性伴侣，而另一边又想着还要时不时来点儿新鲜的刺激。

可偏偏有些姑娘，要把这样的滥情当痴情，把这样的渣男当情圣。记得有人说过，真正的暖男是只对你一个人暖的，对所有的姑娘都暖那不叫暖男，那叫中央空调。像这样的中央空调，是谁都可以来蹭一下的，而他也乐此不疲地去暖着所有对他表现出好感的女生。

爱情，一生不多，别贱给。世上的人千千万，为什么非要到垃圾堆里找伴侣？认清他的真面目就马上喊停，这一程被辜负，不过疼一阵子，绝不会疼一辈子。

改天再遇良人，你就会知道当时自己有多明智。有些人早离开一天，就多一天的福报。

亲爱的，如果还有人在你面前说，我喜欢的是你，可是我也不想伤害她。你大可以大声地对他说，那你去好好保护她吧，本姑娘有的是人喜欢，不缺你一个！咱们最好再也不见！因为我胃不好，见着渣男就犯恶心！

你得敬畏些东西，也总得无畏些东西

+++

1.

好姐妹景儿臭着一张脸出现在我的面前，从她泛红的眼圈看得出来，刚刚肯定是大哭过一场。

自从认识，我很少看到景儿哭过，甚至连不开心的时候都少，像这次哭得眼睛肿成这样，我还是第一次见到。

原来，她跟男朋友在一起三个月的时候，她偶然间发现男朋友还一直跟前女友保持着联系，并且从聊天记录看得出来，两个人关系还挺暧昧。那时候，她跟男朋友大吵一架，男朋友狡辩说，他们只是普通朋友关系，是景儿多想了，并且当着景儿的面将前女友的联系方式删了。

景儿以为，在此之后，他们之间应该就彻底断了联系。可是让她没想到的是，两个月后，她又发现男朋友跟前女友坐在一起喝咖啡，两个人聊得还挺开心，那个女生还时不时地用手去敲他的头。

他们又大吵一架，男朋友发誓说，以后再也不联系前女友。

可是随后不久，景儿又一次发现，男朋友和前女友一如既往地藕断丝连着。甚至以出差的名义，两个人还一同去了上海玩了两天三夜。

在事情败露之后，他还各种解释说，只是恰巧两个人在同一个地方出差罢了，毕竟是熟人，就在一起吃了个便饭。

直到景儿拿着那个女生发给她的示威短信给他看了之后，他才承认。

他说，她是自己的初恋，又是跟自己在一起三年的女孩子，感情不可能说没就没了。但是他现在心里爱着的是景儿，只是因为一时难以放下过去，才跟她保持着联系。

说实话，我一直不相信所谓的因为在一起多久多久，直至分手之后还留存着多深的感情这种解释。你对她还有情，她也对你依旧有意，你们当初分什么手啊？是有人拿枪指着你还是王母娘娘在你们之间划了一道银河啊?

别老把自己那点不堪的感情过往当成牛郎织女的浪漫，一天天地矫情地给自己加戏不嫌累吗?

当然我也不相信，孤男寡女走在一起，特别是两个还有一段感情经历的男女走在一起，只是单纯地喝个咖啡，吃个便饭。你跟谁喝咖啡、吃便饭不好，偏偏要跟前女友?

我更不相信，一个男人在微信中加回前女友第一次之后，只是单纯地想缅怀一下逝去的感情，明明是想重温旧梦好吗? 自己都有现任女朋友了还缅怀什么呀? 过去有那么美好，你当初怎么不拦着她不让走呢? 更何况，你是当痴情一片陪在自己身边的现女友不存在吗?

其实说白了，是女方还未找到更加合适的替代品，就退而求其次地继续用前男友来当成自己感情空虚时的慰藉。而男方，则是为了满足一下自己那点阴暗卑微的占有欲，在自己的内心还暗暗自豪地认为：你看我多有魅力，前女友跟我分手了，还依旧对我念念不忘，还依旧愿意跟我滚床单；而现女友即使发现了，也能一忍再忍。我就这么轻易地将两个女人玩弄于股掌之中。

可是你有没有想过，当初前任为什么跟你分手? 就是因为不爱了呀! 现在愿意继续跟你偷偷摸摸，只不过是为了安慰自己的寂寞，或者跟你一样想标榜一下自己多有魅力。但你们两个自以为是的骄傲，最终真正伤害的人，只有那个傻乎乎一直爱你、相信你的现女友。

如果一段感情最终要以分手来作为了断，并且有人率先走进另一段感情之中。在我看来，十有八九是因为两个人真的不再爱了。如果最后，再以任何形式复合，只能说，你们之间至少有一个人，目前还没有找到更合适自己的人，只能退而求其次地想要回到原点，暂时将就下去。这也是为什么大部分伴侣分手后复合，最终还是难逃分手结局的原因。

一开始就让你不舒服的地方千万不要忍，最后你选择放弃，肯定也是因为当初那些不愿意。

你不快乐是因为你没有好好爱自己，且常常因为别人而消耗着自己。要知道，人成熟的标志，就是该动脑的时候不再动情。生活很累，别让心灵再累；人生苦短，别总是让自己硬扛。

总有一天你会明白，在生活中你得敬畏些东西，也总得无畏些东西。因为，你无论怎么做，都不可能讨全世界喜欢；无论讨多少人开心，如果自己不开心，都没意义。

无论在别人的生活里跑多少次龙套，在自己的人生里，你才是永远的主角。

愿你早日领教过某些人深深的恶意，然后开启爱谁谁的快意人生。

2.

曾经有姑娘跟我说，男朋友和她在一起之后，总是会有意无意地提起前女友，说她有多么好，说她有多么优秀，说她有多么爱自己。

即使在自己有女朋友之后，前任女友只要一声招呼，他就屁颠屁颠地跑去见前任。为她换灯泡，为她修马桶，为她买感冒药，为她搬家，甚至半夜三更抛下自己的女朋友去送那个醉酒的前任回家，照顾了她一个晚上。

有人可能要评价说，这个男生，肯定不爱自己的女朋友，但是他肯定很爱很爱自己的前女友。

我觉得，错了，他不爱自己的现女友是真，但是也不见得有多爱前女友。他们在一起的时候，他一定没有现在对她好。

不然为什么她会放弃那么好的他，为什么要跟他分手？如果是因为不爱他了，那么分手之后为什么又在明知道对方有女朋友的情况下还去打扰他？

摆明了只有两种情况，一是前任很爱他，可是这个男生在一开始的时候根本就对她不好，所以才导致两个人分手；二是这个女生本来就喜欢搞暧昧，玩刺激，甚至可能就是那种情场老手。

可是无论哪种情况，男生都不应该再以任何理由去为一个毫不相干的女生端茶倒水，鞍前马后了。

只能说，要么这个男生是惯性怀旧的那一类，在一起时不懂珍惜，分手之后就又想暧昧；要么就是这个男生真的是贱骨头，喜欢低三下四；或者，就是他无非就是想要左拥右抱，尽享齐人之福罢了。

那么姑娘，如果你真的遇见一个这样的男朋友，对前任藕断丝连，对过往念念不忘，千万不要天真地以为他只是因为深情，只是因为宽容。也不要以为，他真的是把前女友当成普通的朋友，当成一个毫不相干的熟人。分手之后，还纠缠不清的，要么是贼心不死，要么已经暗度陈仓。

如果在他的眼中，前任是那么的完美无瑕，那么的深情难忘，你大可以大度地跟他说，你去找回你的前任，我来做你的前女友吧！

需要硬撑的精致
都是粉饰的着急，
从容才是最好看的

+++

1.

许多女人即使再强大，情商再高，事业做得再优秀，但在面对家庭、面对感情的时候，还是会敏感，会脆弱，会孤独，会难过。

记得之前小 S 就曾在她的生日会上对姐姐大 S 说：“我知道婚姻很艰难，可我希望你们撑到最后。”

可是，生活真的不是靠硬撑就能走到最后的。

记得听朋友说起过一个关于她小姨的故事。

小姨和小姨夫是在大学认识的，毕业后第一年不顾外公外婆的

反对，辞去公务员的职位跑去了男生所在的城市。一年之后，小姨大着肚子回来，气得外公生了一场大病卧床不起。

无奈之下，家人只好同意小姨和小姨夫的婚事，并为他们在深圳买了一套新房。

一开始，小姨夫深知自己各方面和小姨不能匹配，工作上十分努力，对小姨也疼爱有加，主动承担家务，以至于在小表妹上幼儿园的时候，小姨仍旧还做不出一顿像样的早餐。

那时候他们日子不算宽裕，但是真的十分恩爱，小姨夫从来都舍不得小姨十指沾上阳春水。每逢过节，他都会买一束大大的玫瑰花送给小姨，平常还时不时小浪漫一下给小姨一个小小的惊喜。

就连当初一向不太喜欢小姨夫的外公外婆，对这个女婿也逐渐刮目相看。毕竟，现在像小姨夫这样踏实又上进，关键是还知道疼老婆的好男人不多了。

小姨就像一个未曾长大的小公主一样，曾经在外公外婆膝下怎样生活，结了婚就还怎样生活。而且可能是从小家庭教育的原因，小姨的处事能力格外强，在工作上一路顺风顺水。

就在小姨以为，自己这一生都将活在宠爱和包容当中，被幸福包围的时候，小姨夫的事业越来越如日中天，这时他对小姨的感情逐渐发生了改变。

小表妹上小学一年级的那一年，小姨第一次发现了他在外面包养女人的证据。小姨跟他大吵一架，但是这时的小姨夫居然丝毫不退让。而往日的种种恩爱，在接下来的日子里，逐渐变得荡然无存。

小姨吵过闹过多次却于事无补，小姨夫的恶劣态度反而变本加厉。

小姨逐渐妥协了，她想，为了小孩，就将就着硬撑下去吧，等小孩长大了再说，因为她不忍心就这样将一个家庭搞得分崩离析，也不忍心孩子从小就要看到父母分离。

可是之后小姨夫几乎日日不着家，每次一回来，就是吵架，直至有一次，他一时没忍住，动手打了小姨。

这时候，小姨才幡然醒悟，在一段婚姻中，当感情不再的时候，两个人之间不再有当初的一点温情，那两者的关系就会比仇人更甚。于是，她终于选择了离婚。

如今四年过去了，小姨也早已从这段感情的泥淖中脱离，自己独自带着小表妹，还学会了做各式各样的早餐，两个人一大一小趁着寒暑假游历在世界各地。

她说，永远不要高估自己在一段破碎的婚姻中的忍耐能力，因为你不知道什么时候，自己突然就因为压抑和烦躁抑郁了；也永远不要低估自己独立生活在这个世界上的能力，因为如果有一天，当你失去了依靠，然后自己努力向上的时候，你会发现自己原来也这么优秀。

生活不是戏剧，不是你希望有个圆满的大结局，编剧就可以设定好一个皆大欢喜的 happy ending 给你。

我们也不再是小女孩，不能总是幻想着灰姑娘和王子的童话故事发生在自己身上。

明明知道痛，明明知道难过，明明知道步履维艰，还要强撑着自己努力往前走一步，再走一步。可是最终，受伤的，难过的还是自己啊！

其实，唯一能让自己的生活变成喜剧的人，永远都只有自己一人而已。

婚姻美满固然美好，但是如果你不幸成了婚姻中的失败者，也不要害怕，永远不要失去随时离开对方的能力。

2.

我们在未走进婚姻之前，都曾是爱情幻想家，把婚姻生活幻想得无比美好。

跟对方要生几个孩子，要买一张多大的床，要买多大的电视，家里放什么样的沙发最好看，房子要装饰成什么颜色更温馨，要去哪里拍婚纱照，要去哪里蜜月旅行……

所有的一切，都曾不仅一次在我们的脑中回放。因为我们总是想着，爱一个人，就是要跟他过最美好的生活，要做最浪漫的事情。

可是对于很多人而言，婚姻并没有给她们一个惊喜，而是一个实实在在的惊吓。

昔日的浪漫没有了，昔日的温情不见了，曾经的山盟海誓忘却了，曾经的花前月下也早就淡忘了。剩下的，除了柴米油盐酱醋茶之外，就是无休止的争吵，甚至是斗智斗勇的防出轨，抓小三。

生活就是这么现实的，我们不可能永远活在童话世界里，你总有一天会长大，要直面这个有些残酷的世界。

当一个人真的不爱你的时候，这个人甚至比陌生人对你都要决绝千万倍。

我只是希望，当你真的快要坚持不下去的时候，不妨索性放手，放过别人，成全自己。

大部分的烦恼，都是因为经历太少

+++

1.

闺密说，不要的东西，再好也是垃圾。何况，这个东西根本就不好。

曾经一度以为，只要用心爱一个人，那么即使逃不过岁月和命运的侵扰，到结尾处也是留念多于怨念。毕竟曾经那么用力在一起相爱的两个人，哪怕分开也会心存感念。

可是直面了几场爱恋，看过了几场分手，才发现，原来几乎所有的爱情，在穷途末路的时候，更多的是纠缠和怨恨。可是走了那么远，到底是怎样的一种背离，才会徒生出来这诸多的反感和嫌弃。

记得很久之前，我遇见了这么一个人，真的就像偶像剧里面说的那样，在看见他的那一瞬间，整个天空都亮了。

他爽朗，阳光，幽默，温和。我一直以为，遇见这样的一个人，真的足够弥补这连绵而来的坏运气。我甚至庆幸地认为，是不是因为老天安排我遇上了他，所以才让我在之前的生活中，跌跌撞撞，磕磕碰碰。

是啊，我真的用尽几乎所有的心力，想要去好好爱这个人。但是我未曾料到的是，我一直坚信为自己心中白马王子的他，却早就有一个属于他的白雪公主了。不，应该说不是一个，是很多个。而我，还天真地傻傻以为，这个人出现得刚刚好，不早不晚。而这个时候，我也刚好想牵上一个人的手，随他走过一段绚丽青葱的明媚岁月。

当我看着他在校园里，浓情蜜意地牵着另一个女生手的时候。我站在远处，捂着嘴，极力让自己不要哭出来。

但是，真的很难过，心里好像被数九寒天凛冽的风一遍又一遍地吹过，厚厚的冰幕一层层蔓延开来。

短短一千米的路，我走了整整半个小时。这半个小时里，我脑中闪现过无数的猜想。

或许只是他的表妹呢？或许他们只是关系很好的朋友呢？或许刚好是他的性格大大咧咧和女孩子关系近一点儿也没什么呀。或许是我认错人了呢？或许还在做梦吧？

或许，他根本就没有喜欢过你呢。

当我第二次遇见他和另外一个姑娘在一起的时候，我终于相信了，这个世界上没有那么多的或许和凑巧。偶像剧里狗血的桥段，就是编出来骗那些涉世未深的小姑娘的。

我问他，你喜欢过我吗？

他说，你们女孩子真烦，天天就知道问这些有的没的。

我说，昨天跟你在一起的那个姑娘是谁？

他说，我女朋友。

我说，那我呢？

他说，我们好像从来都没有说过在一起吧。

原来，一直以来，自己只不过是暧昧的对象罢了。

2.

从那以后，我很久都没有见到他。准确地说，是我很久都没有出现在他可能出现的地方。

我试图忘记这个人，忘记那段自作多情的傻瓜岁月。可是很多时候，当我想起跟他在一起的点点滴滴，还是会很难受。

可是又怎样呢？

记得曾经有人说过："我会忘记你喜欢什么颜色的衣服，爱吃什么口味的菜，喜欢什么类型的运动。我会忘记你的生日和我们那些欢乐时光，最后我甚至希望连你的模样也忘掉。也许你会很快乐，但是很抱歉，我不能祝你幸福。"

年轻的时候，不懂社会有多复杂，总觉得付出就有收获，真心就能换来真心，所以总是怀着最大的善意去对待身边的每一个人。直到栽了跟头、受过了伤后才明白，原来真心不一定能换来真心，原来人生的大部分烦恼，只不过是因为经历太少。

但当你熬过了那段一个人画地为牢的艰难岁月，那就真的什么都忘掉了，就什么都不怕了，也就什么都不在乎了。

一段时光以后，我逐渐褪去了当年稚嫩的模样。甚至走在街上，都会吸引不少停留的目光。而那段傻瓜的时光，也逐渐在岁月里淡去。直到我遇见了另一个人，遇见了在我眼中真正的爱情。

一天晚上，我突然收到了他的短信。

他说，嘿，最近好吗？

我说，嗯，挺好的。

他说，好想回到当年我们一起走过的地方去看看。

我说，对不起，我不记得我们一起走过了什么地方。

他说，你还在怪我吗？

那一刻，我真的是什么话都不想说了。说真的，如果不是他突然发短信，我真的已经不记得之前的岁月里还出现过这么一个人。就好像初中时，背了好久的单词，因为生疏太久，根本记不起来，偶尔在街上的商标上见到，才恍然记起，对哦，如果不是这时候看见，我都背不出这个单词了呢。

我很想说，小哥您记性真好，可是我已经不是当年喜欢看偶像剧的小姑娘了。您花哨的撩妹花招，在我这里除了讨人嫌就是恶心，真的。

我从来都不觉得分手有多难堪，也不会在分手之后对前任恨之入骨。但是说真的，我很厌烦那些在一起时不珍惜，分手后做情圣的渣男。

他回过头来找你，说白了，不是他真的发现你有多好多难忘，只是他不舍得少了一个伴儿而已。毕竟我见过太多分手后男人主动和好，到最终，厌烦之后还是以分手收场的闹剧。

一段感情，如果一个男人提出了分手，那么八九不离十，就真的离分手不远了。作为姑娘，我想我们能做的，就是大方地放手。

这是你的尊严，你的底线，你的脸面以及你在这段感情中最后的一点底气。如果死缠烂打，如果苦苦哀求，看不起你的人在墙角排着队呢！你的情敌、你的前任可能就是站在队前举着旗帜呐喊的人。

据我了解，潇洒离开的人，往往在转身后不久的将来，一定会遭到前任无微不至的关怀；而那些低到尘埃里的姑娘，却始终逃离不了被抛弃的结局。

所以，没什么好留恋的呀。

好朋友说，在分手两个月后，前任突然跑来找她，一开始是假装温柔地问，最近过得好吗？

朋友说，好啊，好得不得了。饭吃得香，觉睡得爽。

越到后面，前任就越扛不住，一开始各种撩，见没反应之后，就是各种纠缠，苦苦哀求。

我问朋友，到底是怎么回事？

朋友说，在一起三年，他说了很多次分手，可是每一次我都会苦苦挽留。我以为，只要这样，就能留住这份感情。可是说了太多次，我都觉得累了。我想，既然他那么想走，这一次，索性就干干脆脆地走掉吧。于是，在他再一次说出分手的那晚，我终于走了。我不想在一段感情中纠结到老,我也不想这么潦草地生活在一段卑微的感情里。这样，我自己都会鄙视自己。

任何的感情，都禁不住折磨和忽冷忽热。如果真的留不住了，那就放开好了。或许脱离了这段感情，离开了这个人。你真的能活出不一样的自己，成为一个更好的人。或许，在之后的生活中，你会遇到另一个爱你如命的人也说不定呢。

正如朋友所说，拜你所赐，我活得很好。请你以后，再也不要出现在我的视线范围内了。

强大的人
才没工夫患得患失

+++

1.

初见筱筱姐的时候，她刚大婚。先生是博士毕业，一所高校的副教授，人帅多金，幽默风趣，无论从哪方面看起来，筱筱姐都自认为有点匹配不上对方。

筱筱姐时常说，会不会是先生觉得自己年龄大了，所以随便找个人结婚生子，而自己恰巧在那个时间进入了他的生活中，才有了这场婚姻。

那时候我大学还未毕业，刚到单位实习，看到焦虑的筱筱姐，总想说点什么，但是又怕自己太过稚嫩，说不到要点。

但是我总觉得，一个男人，既然决定跟你结婚，就一定是经过慎重考虑的，他绝不会把自己一生的幸福草草葬送在一个自己不喜欢的人手里。

其实说白了，当时的筱筱姐，看到那么优秀的先生心生不安，最根本的原因不过是自卑罢了。

我跟她说，筱筱姐，其实你要这么想，你看他虽然优秀，但是你比他年轻啊，而且你又长得好看，人又温柔体贴，娶到你应该是他的福分才对。

时隔三年，再见筱筱姐时，她已经是一家广告公司的老板了，妆容更加精致，笑容更加迷人，散发出来的气场和当年的那个俏新娘截然不同。跟我说起和她先生的感情生活时，眼中更是显山露水的幸福和温馨。

筱筱姐说，其实后面我明白了，当一个姑娘自身足够强大的时候，在一个优秀的老公面前，能变得自信和周到。

一开始患得患失，是因为自己明白，一旦失去他，就好像失去了整个世界。而后，当自己能够坚强地生活在这个世界上的时候，就会发现，如果能跟他共度余生，那么再好不过。当然，如果有一天他真的要离开，我也绝不阻拦，因为即使没有他，我也一样可以活得很好。

她说，你肯定想象不到，正因为有了这样的改变，我突然发现，我们的感情反而越变越好了。

的确，人类的认知，好似一个巨大的天坑，呈漏斗状。越往下，听见越少，机会越少，越是感到社会不公，愤怒无比；越往上，所见越多，机会越多，越是感觉世界美丽，风光无限。

2.

感情也好，婚姻也好，事业也罢，说白了，要想能够走得平稳顺畅，要想白首到老，最重要的三个字其实只是：不依附。

精神上不依附，物质上不攀附。如此而已。

精神上不依附，是即使他出差、加班，你也能一个人自娱自乐，能够一个人生活得很好。可以看电视，可以看电影，可以练瑜伽，可以健身，可以听歌，可以看书……丝毫不会因为身边一下子缺少了一个人，就感觉心中塌陷了一大块。

蒋勋先生说过：你被孤独驱赶着去寻找远离孤独的方式时，会处于一种非常可怕的状态；因为无法和自己相处的人，也很难和别人相处，你一定要学会跟自己玩。

所以，当你足够强大，强大到无须刻意讨好，无须刻意奉迎，无须仰人鼻息的时候，才是你真正成熟的时候。

自处是一种能力，一种和自己和睦相处的能力，一种脱离他人也能安稳平静生活的能力。

其实男人最反感的女人，就是那种黏人还作的女人。他们需要的是一个贤内助，是一个能为自己支撑起整个大后方的女人，是一个理解自己支持自己的女人。热恋或者新婚宴尔的时候，你可以是一个傲娇野蛮的小公主，但是亲爱的，千万别把这样的精神状态带到以后的生活中去。

那时候你的撒娇，就会变成无理取闹；那时候你的可爱，就会变成了浅薄无知。当你还沉浸在自导自演的青春文艺片里的时候，他其实已经起了背离之心。

物质上的不攀附，是指即使你将来的经济能力不能为这个家带来本质性的变化，但是最起码的要能够自力更生，自给自足。

千万不要经常向一个男人伸手要钱，即使这个人是你的老公，即使他每月的工资卡都上交给你保管。但是真正到了离婚的当口，那些东西是他的还是他的，而你，除了那点婚后共同财产，依旧一无所有。

你也不要动不动就撒娇伸手索要礼物，一个男人送礼物给妻子，是一种浪漫，是一种惊喜，是一种疼爱，但千万别心安理得地把它当成对方的义务和责任。

与其死缠烂打、撒娇生气地向他索要一条裙子，还不如自己买好突然出现在他身前跟他说，老公，你看我好不好看？与其争执吵闹、冷战生闷气地索要新款口红，不如自己买下来涂好，俏皮地噘着嘴唇问，老公，我性不性感？岂不是更加美妙？

而且我敢打赌，这样的姑娘，更能获得男人的疼爱，也更能收到他们送给你意料之外的惊喜。

3.

当社会物欲横流时，生活和爱情都被物化得十分严重。女人要求男人有车有房有存款，而男人要求女人有样有貌有家世。

经常看到有姑娘在朋友圈发“你负责赚钱养家，我负责貌美如花”，我都会感到一阵的后怕。后怕现在很多的姑娘，不知道是真的单纯到把不切实际的幻想当成寻找另一半的箴言，还是真的就是想要在将来过这样一种看似美好无瑕的生活。

感情从来都是平等的，也是公平的。你付出多少，就收获多少；你懈怠多少，也就意味着失去多少。

貌美如花不是用来捆绑一个男人的利器，更不是姑娘浅薄无知的借口。看到过很多妻子比花还美，而婚姻却最终还是以丈夫出轨收场。其实我们每个人都有审美疲劳，不管你在外人眼中美得多么出众，但是一年两年，三年五年，或者是十年以后，你在丈夫的眼中，终究只不过是一个最普通的平凡人。

如果你只是一个负责貌美如花的妻子，那么在这段婚姻之中，随便一个比你更加貌美甚至没你貌美，但比你有气质比你更懂事比你更会讨人欢心的姑娘都可以替代你。

亲爱的，千万不要以为结婚之后，这个人就成为你的全部，成了你一辈子的依靠。生活在这个世界上本来就不平静，你又哪能预料到，这个今天还跟你甜言蜜语的男人，明天就可能走进别人的怀抱。

所以，只有当自己无论婚前婚后，都有保持单身的能力，才能在遇到感情危机的时候临危不惧，才能在即使错过一场轰轰烈烈的爱情之后，还能有足够的底气继续等待下一个更加美好的人。

把命运交给别人
不是信赖，而是赌

+++

1.

有两个朋友，刚好是一对情侣。他们两个刚在一起时，整天腻在一块儿，每次遇见他们，总会看到两个人腻腻歪歪的样子，羡煞旁人。

半年过去之后，有次跟那个女性朋友聊天的时候，听她无意间说出，感觉她和男朋友的关系好像变了，他不像刚开始在一起时那么爱自己了。有时候打他电话也不接，短信也不回，甚至在家的时候也只是自顾自地做自己的事情，要么看书报，要么玩游戏，也不愿意陪她去逛街了，她甚至怀疑，他是不是已经变心不再爱自己了。

恰巧公司有个项目和男生公司有业务往来，一次对接项目完成后，他请我喝了杯咖啡。聊天的时候，不经意间就谈起他的这段感情。我原本是想劝他多关心一下我那位女性朋友，不要总让她没有安全感。

可是男生说，其实我并不是不爱她了，也不是对这段感情淡了。而是跟她在一起的时候，我总觉得累。她无论做什么事情，总要我陪在身边，哪怕是吃个饭，哪怕出去玩的时候去上个厕所也一定要我守在厕所前，哪怕下楼扔个垃圾也要我陪着一起去……

我说，这没什么啊，很多姑娘在恋爱中都是这样的，这代表她很在乎你，很想跟你经历所有的事情。

男生说，这只是我们生活的一部分，她会在你上班的时候，莫名其妙地打电话来，就因为她刷微博看到一个笑话要告诉你；她会在你开会拒接电话之后，十分钟能打二十个电话过来；她会在你累得不行的时候，强行拉你起来陪她去逛商场；而且在生活中，她什么决定都做不了，就连买苹果还是梨也要你拿主意，吃饭的时候是喝玉米排骨汤还是海带排骨汤也要发个微信来问你……

男生一脸的疲惫表情，我不由得又想起当初他们刚在一起时，两个人意气风发的样子。

其实很多人都会说，为什么刚恋爱的时候，这些都能接受，可是时间久了之后就变成了诟病对方的理由呢？明明是不爱了，明明是厌烦了吧？

我想说的是，正是因为很多人都这么认为，才会把热恋期和平淡之后的生活混为一谈。

热恋时，对方的身上是没有缺点的，所有的地方都是闪闪发光的，可是生活不是，日常的琐碎也不是。当你被生活打磨，感情逐渐趋于平淡的时候，很多在热恋中发现不了的问题，在这一刻都通通展现出来。

并不是感情变了，而是生活本身就是这样。

图一个人对你好，就相当于在做一次豪赌，把自己当成了最大的赌注。

这个人可以对你好，同样也可以对别人好。把别人当成最大的依靠，就如同将命运托付于他人手中。

2.

作为一个有独立思想的姑娘，应该明白，每一对情侣都不可能永远活在热恋中，最终还是会走向平淡，走向简单平稳的生活。而这时候，就应该给彼此留下一点生存的空间。

我们每个人都是一个独立的个体，并不会因为恋爱，就把两个人合二为一，成为一个人，所以每个人都应该有属于自己的时间和空间。而这时候，过于依赖，反而会把一段感情越推越远。

我们每个人，不管一个人生活，还是和一个自己相爱的人生活在一起，首先需要的，就是精神独立。我们互相扶持，互相依偎，但是又相互独立，各自成长。

所谓精神独立，就应该是有自己独到的见解，有自己独立的思想，有自己独立的空间和时间，相伴而来的是有自己的理想和抱负，还有事业。

因为思想上过于依赖，就会把自己的思维牢牢地拴在对方的思维模式上，想对方该想的事情，甚至会跟着对方的思维模式走。一旦跟不上了，就会产生一种脱离的状态从而影响到了感情。

也因为思想上过于依赖，所以自己没有了独立的生活品位，没有自己的审美情趣，没有自己的理想生活，也没有自己的梦想和抱负。就好像自己的灵魂依附在了对方的身上，你只是对方如影随形的一个影子。

对方既要背负自己的生活，又要背负你强加上的这些依附，怎么可能不会感觉到累呢，怎么可能不会想着要逃离呢？

如果你真爱一个人，不是要跟他保持同样的兴趣爱好，甚至是理想希冀，而是要保持一致的前进步伐，保持一致的精神风貌。更不是把自己整个人生都依赖在他身上，觉得他就是你的全部，他就是你的精神寄托。

精神独立，就应该有自己的兴趣爱好，有自己的理想希冀，有自己独立的想法，有自己独到的见解，也有自己的事业，有自己的专属时间和空间。两个人相互依偎取暖，但是又相互鞭策成长。

3.

我认识一个比较出名的作家姐姐，她的老公是一家上市公司的副总，身价不菲。可是即便这样，这位作家姐姐无论在物质上还是生活上，或者是精神上，从来都独立自主。

她的文章文风澄澈，观点鲜明；她的生活也是处处充满干练的影子，有自己独立的工作室。即使老公工作忙无法陪她，她也经常会到全国各地走走，看看不同的风景，听听不一样的故事，有时间会去看一场演唱会，跟一群小孩子尽情地宣泄情绪。

看她的朋友圈，你会觉得，自己也充满了年轻时的蓬勃力量，会觉得自己也跟着她的节奏走遍了名山大川，看遍了人情冷暖。

最关键是，即使她跟老公的生活好像隔了好远，但是他们之间的感情却好到让人艳羡。她老公经常会秀恩爱说自己的老婆聪明漂亮，独立又温柔；而她跟我们聊天的时候，说起她老公，眼中也泛着崇拜的光，她说他睿智沉稳，大气爽朗，符合了她对好男人的所有幻想。

她时常跟我们说，其实两个人在一起，并不是所谓的多浪漫多情意深重就好；更重要的是，两个人都要有自己的生活，有自己对于未来的考量，互不干涉，互不侵犯。但是对于这个家、对于感情的未来，所有的想法又能够恰到好处地不谋而合。

当一个女人，能够在思想上、精神上充分的独立，那么在家中才会是平等的状态。因为只有这样，和自己的另一半，才像是两个真正般配的人，而不是对方的一个附属品或者装饰品。

我们很多人，在谈论婚姻的时候，总是会刻意地去了解女性的另一半是个什么样的角色。

一旦另一半鲜衣怒马，事业有成，就把她认定为所谓嫁得好；而一旦另一半平庸，形同众人，就唏嘘着所谓下嫁。

在我看来，一段感情中最重要的，并不是对方有多富有多成功，而是能够给予彼此多少欢乐和幸福。当然，这样的欢乐和幸福，必然伴随着婚姻的平等，而婚姻的平等是情感的平等，是精神的平等，也是在家中地位的平等。

所以，在我眼中，你可以去看女性的另一半是个怎样的角色。但是一个女人要想活得出色，真的并不是单纯地靠另一方来决定，而是要看你自己能够活成什么样的状态。

要想在短暂的生命当中，活得潇潇洒洒，活得随心所欲，那么，精神的独立或许是最重要的决定因素。只有精神上独立了，经济上才能相伴而生的独立起来，才能真正地不依附于任何人。

感情和生活一样看似繁复，其实又莫名简单

+++

1.

很久之前跟一个学姐聊天，谈及未来的感情。

她说，我从来都不奢望自己能嫁一个多么出色的男人，也不需要他多么阳光帅气，健硕俊朗，年少多金。

我希望我未来的另一半是这样的一个人：话不太多，但是偶尔风趣幽默；不需要有多浪漫，但是能懂一点点情调；不需要有很多钱大富大贵，我们一起奋斗，在将来能够有一个八十平方米的房子，有一辆十几二十万的车；最重要的是，我希望他能做一手好菜，因为我始终都觉得，一个男人如果愿意为了一个女人偶尔下厨房、碰油烟，就

是他对这个女人最大的珍重。

在一些人的感情认知世界里，从古至今，男人基本上都是十指不沾阳春水的。因为大多数人觉得，男人就应该在外面打拼事业，而家里的那些琐碎事情是女人的分内事。如果一个男人下厨房、拖地、洗衣、洗碗，就是没出息的表现。而一个女人，如果不做这些事情，就是不贤淑、不持家的象征。

但是天生万物，从来都没有哪一条法律规定，男人应该干什么，女人应该干什么；也从来没有哪一条法律说，男人做家务就是窝囊，女人拼事业就是不顾家。

许多人之所以这么认为，是因为沿袭了几千年的封建思想，把封建残余的枷锁继续加到女人的身上。

身边有很多事例证明，一个男人，能够适量地分担家务，对提升一个家庭的幸福指数有很大的帮助，不仅出轨率降低很多，就连夫妻之间的争吵也减少很多。

现在的女性，基本上都有一份属于自己的工作，她们跟男人一样，需要在外面上班工作，每天需要面对不同的人，每天都要完成很多的工作，所以对于夫妻二人而言，回到家中，就劳累程度而言，是不相上下的。

如果这时候，男人伸出手愿意帮助妻子做一些力所能及的琐碎事情，你洗碗我擦桌子，你拖地我洗衣服，你擦窗我收拾房间，这不仅可以减轻妻子的负累，也可以节约很多时间。更何况，我甚至觉得，两个人一同完成一些事情，是一件十分美好的事情。

一个会做菜的男人，真的是这个世界上最有魅力的男人。想象一下，当你系着围裙，专心致志炒菜的时候，男性特有的魅力和柔和专注的神情相碰撞，简直不要太 man 好吗？

2.

前不久受邀去一个姐姐家做客。

姐姐是一个资深广告人，身价不菲。她的房子是环岛路的一幢别墅，那里的房价来过厦门的人应该都清楚，用寸土寸金来形容也毫不为过。

姐姐年近四十岁，有一个十五岁的女儿，如今在国外上中学。去到她家的时候，那富丽堂皇的装修，让我走路都有点小心翼翼，生怕一不小心就碰坏了那陈设极为精致的家装。

姐姐性格爽朗，保养得极好，近四十岁的年纪看起来像是二十八九的样子。我进门的时候，她的先生正在做水果沙拉，看到我进来，十分热情地和我打招呼说，你们先坐一下，吃点水果，饭菜马上就好了。说完，他又钻进厨房里忙碌去了。

姐姐的先生是一家装修公司的老板，平时不苟言笑，对待工作一丝不苟。可是在家的时候，他却温和得像是其他许许多多平凡普通的丈夫一般。

我笑着说，姐姐你先生事业那么成功，难得在家里还能做饭。

姐姐面带幸福地说，那你就不懂了，他事业虽然做得不差，但是他下厨的手艺才是真正的一绝，等会儿你就知道了。

姐姐跟我说起他们年轻时候的故事。

姐姐年轻的时候长得很漂亮，当时追她的人特别多，有官宦子弟，也有富家子弟，还有一些国企的青年才俊。那时候她先生不过是一个小小的装修队的施工老板，长相也平平。在所有追求者中，应该算是最普通平凡的一个了。

但是就是这个平凡普通的小伙子，几乎雷打不动地每天早上跑到她家楼下，给她送去他做的各式各样的早点。尽管这样，他还是败给了一个海归外企高管。

就在姐姐谈恋爱的那段时间，他依旧不屈不挠地给她送吃的，为此还遭受了姐姐不少的白眼。直到后面死心了，才逐渐淡出了她的世界。

姐姐谈了半年恋爱，然而，那个海归高管跟另外一个富家千金结婚了。他跟她说，他的父母出于商业目的，必须要他与富家千金联姻。姐姐失恋了，那段时间，她十分伤心难过，自己一个人躲在家里不吃不喝，也不愿意见人。

大概三天之后，她的门被人踹开，她先生站在门口，满眼泪光。他二话不说，走过来扶起她说，再怎么伤心，也要吃饭。

她记得，那是一碗茴香打卤面。可能是饿极了的缘故，那碗面是她这辈子吃过的最好吃的一碗面了。

也是从那之后，她才开始慢慢接受他的接近。半年之后，他们恋爱了，正是因为他日日送餐，让她觉得这个男人是值得自己依靠的。她相信，如果一个男人，能坚持一年天天雷打不动费尽心思地给自己做好吃的，费尽心思地去讨好自己的胃，这样的男人肯定是真的爱自己。

看到他们结婚十几年，依旧像一对新婚夫妇一样幸福甜蜜。我突然觉得，如果有一个男人，真的愿意为了你放下那些所谓的大男子主义，放下那些根深蒂固的旧思想，钻进厨房为你洗手做羹汤，真的是一种莫大的幸福。

感情和生活一样看似繁复，其实又莫名简单。一茶一饭，一粥一菜，然后就是一生一世。

没有人可以像初恋那样一直激情到时光迟暮，也没有人可以做到永远花前月下，但是总有人愿意陪你温情到老。

如果真有一个男人，愿意为你抛去生活的烦琐，愿意为你摒弃思想的桎梏，穿上围裙，亲手为你熬制一碗香浓的羹汤，为你做上一桌子美味的饭菜，在夕阳斜射进客厅的时候，温暖地拉开桌椅，坐下来陪你安静地共进晚餐。那你一定要嫁给他，陪他一起走完这漫长的一生一世。

有底气才能不将就

+++

1.

惠惠跟我说，最近很苦恼。

我问她为什么？

她说，有两个男生在追她。一个家境富足，对她也知冷知热，但是个子不高，而且听别人说起，他很花心，前面已经有数不清的前任了，而且为人口碑也不太好；还有一个家境一般，长相尚可，从认识自己到现在，对自己也一直体贴有加，但是这个人生性慵懒，大男子主义很重，关键是这个人没什么上进心。所以很苦恼，不知道要选哪一个。

我问她，既然两个人在你口中都有这样那样的问题，而且问题都还不小，你为什么不直接拒绝呢？这根本没什么可苦恼的呀。

惠惠说，可是我已经二十七了，好不容易身边出现了两个相对而言还不错的男生，所以不想错过。

我说，那你看看他们身上的什么品质或者说条件更能契合你对另一半的要求，再作抉择。

其实对于惠惠这样的苦恼，我不是没遇到过，之前也有姑娘问过我类似的问题。但是无论我给出什么样的建议，到最后，她们还是有自己的选择。

所以在惠惠跟我说起这件事的时候，我只能点拨一下，然后把选择权留给她自己，毕竟我没有权利去干涉她的感情以及她未来的幸福。

但是在我看来，不管她选择哪一方，在不久的将来，或许都会心生悔意。

我们在面对感情的时候，总是希望能找一个十全十美的另一半。可是这个世界上，又哪里有十全十美的人呢？既然我们选择不了十全十美的人，我们就应该尽自己最大的努力，去找一个更加契合自己的人，而不是不负责任地在追求者中顺便取舍。

明明知道这两个人都有自己不可能接受得了的缺陷，但是还要自欺欺人地以他们所谓的优势去说服自己，觉得这些优势足以抵挡那些自己原本厌恶的性格，这不是明智，是愚蠢。

二十几岁不算老，感情中还存在着无限可能。这两个人选，并不是非此即彼的，你可以等等第三个人。或许他没有显赫的家庭背景，也没有帅气的容貌，但是他温柔体贴，他孝顺上进，他善良大方，他幽默风趣。

这样的人，难道不足以成为你的良配吗？

我们总是错误地以为，眼前的感情如果不牢牢抓住，那么在前方就再也找不到一份能让自己心安的感情，前方就再也没有一个能让自己心动的人。所以不管这段感情是不是存在瑕疵，是不是根本不符合自己的择偶要求，就强力以对方一项突出的优势说服自己。

可是往往到了以后，在这段感情中头破血流的时候，才后知后觉，原来自己的感情是真的将就不得，而更重要的是你要有不将就的底气。

我一直觉得，我们人生那么长，会遇见的人那么多，即使这个人不适合你，那个人也不适合你，但总会有一个人，会成为你心口的朱砂痣，会成为你心中的白月光。

从来都没有人逼着你,在两个你并不十分满意的人中间进行选择。

感情从来都是你自己的，幸福也一直都攥在你自己的手中。放弃原则的退让，或许并不是海阔天空，也有可能是万丈深渊。

一个人活成什么样子，一定和对世界的理解有关。内心有底气，眼界有高度，才能少一些对世界的误读，活出自己的气象。

2.

曾经认识一个阿姨，阿姨二十几岁的时候，在两个追求者中选择了一个官宦子弟。她当初以为，他有家世，有地位，将来自己一定也会过得很好。可是没想到，对方是一个大男子主义十分严重的人，男方家族也是一个封建思想十足的家族。

她被要求不能出去工作，被要求不能跟其他的男性朋友谈天说地，甚至在家中有客人的时候不能和男人一同吃饭，更别提什么上桌吃饭了，只能在厨房里忙活，忙活完了才能端碗，她也被要求第一胎必须是男孩，如果不是一直打胎打到是为止……

她受不了这样的桎梏，也受不了这样的仿佛回到封建时代的生活，愤然提起离婚。

离婚之后，两个追求者中的另一个再次出现，他风流倜傥，他爽朗健谈。不久之后，两个人开始同居。可是直到后来，她才知道原来对方早有家室。在她发现之后，对方不再隐瞒，甚至公开挑明，他和她只是简单的情人关系而已。

那位阿姨受不了这样的生活，于是偷偷离开了这座城市，去到另外一座城市重新开始。

在那个地方打拼了三四年之后，她已经三十几岁了。她以为，她这辈子的感情应该是完了，离异，还有一段不堪的情史，甚至因为打过几次胎，生育的可能性极小。

可是后面她遇到了现在的先生，他是一个高中教师，博学幽默，体贴热情，宽容大方，他一并接纳了她所有难堪的过往，顶住家庭的压力毅然跟她结婚。

十几年后，当我成为他们女儿的家教老师的时候，那位阿姨的事业已经风生水起，那时候年近五十岁的阿姨看起来依旧是三十几岁的模样，风韵犹存，谈吐不凡。

感情从来都不是一个判断题，只有正确和错误两个选项。

当你夹在一处感情罅隙中难以自处的时候，其实只不过是你囿于自

己现有的感情世界不能自拔。你觉得左边是墙，右边是壁，感觉找不到出路。可是你忘了，你还有前方的光明，还有头顶上的太阳。

我跟很多人说过，当你觉得难以抉择的时候，不妨等一等。这一等，既是为了看清对方的品质，也是为了觅得下一个更加适合你的佳缘良配。

感情和这个世界的路一样，走到尽头，并不是无路，只是你还没有用心去寻找，不然又哪里来的所谓的“柳暗花明”一说？

同样，很多人工作不如意，他们会说，这公司怎么那么差。其实，差的不是公司，是当初选择这个公司的自己，是自己的能力不足，是自己的不努力。公司就在那里，是他自己选择要进。为什么要进来？因为没有更好的选择，或者不知道能有更好的选择。

你需要的
只是有价值的遇见

+++

1.

王校和上官晗刚在一起的时候，他们都还在上大学。

这段感情从开始到现在，算起来已经五年。他们从青春稚嫩的大学生，转眼间就变成了在社会上为了生活而苦苦奋斗的一群人。

就在前天，王校跟我说，他和上官晗分手了，理由是上官晗看不上他是一个农村子弟，没钱。

很多朋友跟我说起，上官晗真是一个狠心绝情的人，为了钱连相处了五年的男朋友都可以说抛弃就抛弃，简直就是一个极度的物质拜金女。

据我所知，上官晗家境虽算不上很好，但是也是出身工薪家庭，父母都是国企单位员工。而我所认识的上官晗，是一个温柔谦逊的姑娘，她笑起来的时候特别阳光，待人接物也从来恰到好处，最关键是这姑娘从大学期间就十分上进。

大学期间她会利用课余时间策划各种活动，也经常出去做兼职，平时也会学一些除专业以外的技能，比如绘画、摄影等。

这样的一个姑娘，按理说，不应该是大众口中的那种人啊。

难道是因为生活艰难，因为现实残酷，在毕业的这几年，让一个元气少女变成了一个充满戾气、充满物质欲望的人？

我问那些朋友，你们是怎么知道她是这种人的？

十个中有九个朋友说，是王校跟我说的啊，他列出了一连串上官晗物质拜金的例子，说她怎样嫌弃他，说她怎样拜金物质。

我瞬间懂了，原来大伙儿口中的上官晗，早就是那个被王校妖魔化了的上官晗。

直到昨晚跟上官晗聊天的时候，我发现，自己的猜测果然没错。

毕业的时候，上官晗进了深圳一家上市公司，而王校面试了不下二十几次，最终没办法，只能去了一家小私企。

那时候，两个人薪水都不高，租住在一间不足二十平方米的小屋子里。王校有些沮丧，脾气也变得不太好，可是上官晗一直鼓励他，让他先安心地干着，等自己能力提升了再跳槽。

随后的日子里，上官晗工作一直很拼很上进，薪水早就翻了好几番。而王校却依旧只是一个拿着月薪不足四千的小白领，每份工作他都干不过三个月，离职理由要么是领导太苛刻，要么是同事不友好，又或者是工作太累工资太低，等等。

直到今年，上官晗成了部门主管，年薪二十万；而王校还依旧只是一家小公司的小职员，薪水和刚毕业那会儿比多了不到两千块。

这个家里，几乎所有的开支都变成了上官晗在承担。

上官晗曾经劝过他很多次，让他脚踏实地先干好一份工作，先把自己的业务水平提升再想其他的事情。可是每天回到家的上官晗看到的王校，不是在打游戏就是在看电影，甚至连屋子乱糟糟的也不会收拾一下。他就像是一只泡在温水里的青蛙，不会跳，没有生气，没有未来。

在接下来的日子里，他们吵过很多次架。王校抱怨是因为自己工资低，所以上官晗看不上自己，而上官晗生气的是王校不思进取，不求上进，眼高手低。

吵了大半年的他们，终于因为一次大吵，上官晗搬离了那间他们住了一年半的公寓，宣告了这段感情的结束。

临走之前，上官晗说，是的，我就是看不起你这副没钱还不思进取的穷酸样，又怎样？

这世界就是，一些人已经很优秀还在不停地努力，另外一些人赖在床上假装岁月静好，直到有一天醒来发现，世界已经变了，再也装不下去了，于是黑着脸赌气，和自己赌气，和世界赌气。

2.

知道事情原委的人应该都明了，这是一段一开始就注定没有结局的感情。

不是因为男的花心，也不是因为女的物质。仅仅是因为，两个人的想法不一，生活状态不同，还有对未来的期许有异。

说实话，我也挺看不起这样的男人的。不仅仅是因为这种男人不上进，而是因为没有担当，没有责任感。如果女方真是物质女，真是拜金，那早在你们出校门的时候，就已经离开你了，根本不用等到现在。

试想，一个女人在你最一无所有的时候，用自己最青春、最美好的五年陪伴着你一路前行，你是怎样的失败，才让一个女人如此义无反顾地离开你？

一个男人，在生活上不能给予自己心爱的人一个心安的物质生活也就罢了，还依赖一个女人生存，我想知道，这样的男人活在这个世界上该有多大的勇气？

一个男人，对工作挑肥拣瘦，怕脏怕累，只想着游手好闲，这跟那些手脚健全跪在大街上乞讨的人相比，有何分别？

一个男人，事业不顺，不去寻找自身原因，而总是抱怨社会不公，抱怨工作环境，这不仅仅是性格缺陷，更是一种内心上厚颜无耻的自私。这个世界原本就不是围绕着你转的，你哪里来的勇气觉得全世界亏欠了你？

当然，最重要的是，明明是自己不求上进，不思进取，逼走了女朋友，事后还满世界宣扬女朋友如何品格低劣，如何寡情冷漠，如何物质拜金，这真的不是能力问题，而是人品问题了。

对于这样的男人，不分手还留着过年？

经常有人在我身边说起，女人爱钱，男人好色。

我不以为然。但是这句堪称谬论的话，却在现如今的这个社会，成了经久不衰的一个话题。

但在我看来，选对象最重要的不是外在或者物质条件，而是看彼此性格、修养还有三观是否匹配。物质丰富，也有家财散尽的一天；外貌再美，也有容颜渐老的那一天。这样建立起来的两性关系，既微妙又脆弱不堪，一旦一开始的优势变成了现实中的劣势或者泯为常人，那么很有可能会面临破裂的危险。

一段真正契合的感情，要么是彼此淡泊于心，与世无争，相守相望；要么是彼此鞭策，共同促进，相互成长，相互成全。

这是感情上的一种平衡，一旦打破了这种平衡，这段感情也就宣告了阵亡。

请记住，和尖酸刻薄的人多言，你会情不自禁口舌咄咄；和堕落的人关系紧密，你易被带入深渊；和一个“心穷”的人做朋友，你的人生格局会受限。

活得通透的人，会知道和他人保持距离。因为，你不需要丧气十足的伴侣和所谓的朋友，你需要的仅仅是有价值的遇见。

这世界最好的感情，是你不必依靠谁

+++

1.

何先生跟我说起过他曾经的故事。

何先生内敛少言，性格温顺，平时喜欢一个人独处，即使很多人聚在一起，他也会一个人坐在角落里看着那些人的喧嚣安静地笑。可是这样安静的何先生，在高中的时候，却喜欢上了一个活泼热闹的姑娘。

她爱玩，爱热闹，总之越是喧嚣的事物越能引起她的兴趣。在人群里，她永远是最活跃最瞩目的那一个，说话的声音也是最大的那一个，笑起来的时候也是最开怀最畅快的那一个。

何先生说，当时和她在一起，总觉得心中的雾霾一扫而光。因为姑娘的简单，还有直率，总觉得生命都变得简洁了许多，没有那么多复杂的烦心事，也没有那么多顾虑和猜忌。

他以为，这样的两个人就能走到天长地久。因为所有人都说，两个人在一起要讲究互补的。你安静，我热闹；你高冷，我爱笑；你稳重，我直率。可是，刚上大学，他们就分手了。

因为他们始终都进入不了对方的生活圈子。时日长了，也就慢慢地散了。

显然，对于一段感情，太过极端的性格差异终归还是会把温情逐渐拉远。他在自己的世界里高枕无忧，你在他的世界外逍遥自在。连心都很难触碰在一起的感情，最终又怎能以圆满的结局收场？

谁都没有错，只是在人生的无数个岔路口，不同的选择让彼此越岔越远，成长的步调也越来越不一样。你忘记等我，我也不愿追你了。

2.

兰馨之前跟我说，其实在感情中，最好的调剂就是拉锯，你进一分我退一分，但是坚决不退第二分，更不会毫无底线地退让；你退一分，那我进半分，也绝不会把你逼至墙角，以至于无路可走。她和她老公就是一个典型的例子。

兰馨她老公长得帅气，而且家境优渥，名校毕业，刚出社会第三年就成了公司的中层，可以说年轻有为，年少多金。这样的男生，可想而知，是多少姑娘梦寐以求的对象。

但男生虽稳重，却也是总敌不住身边的花花草草的侵扰。所以，刚刚在一起四五个月的时候，他们之间的感情就出现了危机。

有一个女生出现在了他们中间。

一开始，男生也算得上沉稳，对那女生的青睐一笑而过。可是正如大家所说的，很多男人，最终都敌不住一个女人的深情和凝视。

男生开始动摇了，兰馨和他之间的交流逐渐减少，而吵架也相伴而来。

当兰馨知道事情的原委之后，并没有刻意地去做什么。只是在一个周末，在那女生家门口，当着她父母的面，狠狠地给了女生一巴掌，并说清了事情的原委之后，趾高气扬地扬长而去。

回到家，兰馨毫不留情地当着男生的面就开始整理东西。你可以移情别恋，我也可以大步走开。感情而已，又不要命。

当一个女人绝情起来的时候，男人往往抵挡不住那种凌厉所带来的挫败感和空虚感。

男生最终选择低头认错，彻底和那个女生断了联系。

其实在一段感情中，女生往往因为倾注了太多的感情，因为相伴走过了漫长的光阴，因为有过太多的美好回忆，在面对背叛、面对分离、面对无情的时候，总会变得孱弱和卑微。可是他都有离开你的决心了，你为什么还没有放下他的勇气呢？

看到过太多分手的故事，总结了一个屡试不爽的规律：在面对一段即将破裂的感情的时候，那些苦苦哀求、卑微到尘土的姑娘，往往会得到更加残忍的抛弃和伤害；而那些潇洒放手、大方离开的姑娘，往往事后却总会得到另一方掉头求和好。

最重要的是，潇洒的姑娘就像被上天眷顾一般，也更有能力得到一个值得倾注所有心力的男生的全部感情。

这不是运气问题，也不是命运使然。而是一个潇洒的姑娘，在爱情里懂得进退，知道底线，有尊严和体面，更懂得怎么疼惜自己、保护自己。这样的姑娘，在遇到那个对的人时，才知道怎么好好去把握，去相处。

有时候看明白了，就懂得生活也只是一场角逐而已，如果不势均力敌，那你岂不是溃不成军，而对方却斗志昂扬。

这世上最好的爱情，是你不必依靠谁，能够自信地抬起头，铿锵地面对山河岁月，不改从容。在年月之中，遇见一配得上与你白首之人，一起踏遍青山未老。

同时，你若对我好一分，我就回报一分；哪天你若决心离开，我也扭头不说再见。

3.

之前认识一个姑娘，长得秀气灵动，学识渊博，谈吐优雅。虽然家世一般，但也算是出身于书香门第，她父母都是高中教师。

她跟我说起，她大学时曾经谈过一个男友。男友家世显赫，父母都是富甲一方的商人。男友身为富二代，却也算得上安分老实。可是这个男生从小不爱学习，从小学到大学，就一直痴迷于网络游戏，上的大学还是父母托关系进的一所三本院校。

但是男生对她很用心，可能在他的世界里，除了父母和游戏，就是女朋友最重要了吧。追求她的时候，就是各种体贴周到，各种浪漫惊喜。当时还在读大学的姑娘，像很多普通姑娘一样，也很享受这样一种被人呵护的感觉。他追了七个月，他们最终在一起了。

可是相处的时间越长，女生就越觉得，两个人的世界相差太远。她跟他讲莎士比亚，他跟她讲他的英雄；她跟他谈莫扎特，他跟她讲凤凰传奇；她跟他讲毕沙罗，他跟她说鸟山明……

她说，其实自己并不是歧视他的爱好，也并不是看不起他的兴趣所在，只是觉得，两个人在一起，连共同语言都没有，这样的一生，将是怎样的煎熬？所以，为了两个人好，最终还是选择了分手。

类似的事情，在我的一个男性朋友的身上也发生过。

这个朋友生性内敛，但是为人十分沉稳周到，而他前女友是一个特别霸道，特别有渲染力的姑娘，倒不是说有多优秀多漂亮。而是那种只要到一个地方，就能让一个小圈子沸腾起来的姑娘。

他们在一起刚短短三个月，就因为经常吵架、冷战，最终分道扬镳。男生说，他受不了姑娘一天到晚风风火火，而且专断专行，更受不了她跟别的男生能嗨得天翻地覆；而姑娘说，她受不了男生一副书呆子模样，没有活力没有激情，甚至一到家都感觉无话可说，明明面对的是一个人，她倒觉得像是对着一尊雕像。

其实上面的两段感情，真的无法判定谁对谁错，也说不上是谁配不上谁。只是因为，两个人在一起，差了太多个频道。

如果把感情比喻成一场战斗，这样的两段感情，就像是永远交不上手，或者是那种对方还未用力就有一方已经溃不成军的博弈，根本就连正面交锋的机会都没有。

真正的感情，必须是有血有肉，有泪有笑，有欢乐有痛苦的；必须是我明明拉着箱子想离开可最终只是下楼买了一碗面；必须是明明我想给你一巴掌却只给了你一个拥抱；必须是我明明很讨厌你可是又偏偏很爱很爱离不开你。

这才是感情里的常态，也是两个人真正用心去感受对方，去试着包容对方，容纳对方，并努力把这段感情磨合得更加默契、更加完美的表现。

如果一段感情一开始就在精神上、物质上、修养上以及秉性上不搭调，那么这样的感情，一开始就注定是失败的。真正能够走到最后的感情，是彼此不相上下，彼此难分高低，是势均力敌，也是棋逢对手。

对于只有一次的生命，
有人用来虚度，
有人用来拒绝平庸

+++

1.

身边总是会有人问类似的问题：

我总感觉我男朋友不思进取，一天到晚除了玩游戏还是玩游戏；而我每天都在想着充电，都在想着谋求更好的发展，而他从我们谈恋爱开始，就一直都这样萎靡不振的样子。你说，这样的感情还要继续下去吗？

从结婚开始，我老婆就一直保持以前的状态，总觉得自己负责貌美如花就好，而我不仅要赚钱养家，各方面还要在她的朋友圈出类拔萃。她不但不做家务，工作上也总是得过且过。你说，我要不要选择离婚。

恕我直言，每个问出这样问题的人，其实在自己的心中应该早就有了答案，只是碍于以前的感情，自己不知道如何开口。这时候就需要一个人以一个冠冕堂皇的理由去说服他，分了吧，离了吧。然后他就可以义正词严地说，你看，别人都觉得我们不合适，所以我们还是不要继续了吧。当然，以我的性格，原本是劝和不劝分的，但是在这件事情上，我会明确地告诉这类人，散了吧，不然你们会痛苦一辈子的。

对于只有一次的生命，有人用来虚度，有人用来拒绝平庸。三观不一致，是没法长久在一起的。

一个人的野心和身份、地位、长相无关。它一定是从内心缓缓生出的，为改变奋不顾身地争取，为梦想不顾一切地执着，生而为人的担当和责任，以及在繁华面前，依然可以安之若素的心。他们也在心里反复怀疑，不断推翻自己，又说服自己，也是反复坠落又树立自己的自信，不同的是有人沿路折返，而他们一往无前。

不论是一段感情，还是一段婚姻，两个人步伐一致相当重要。你千万不要想，我们在同一个起点出发，那么就一定能一起走完全程，一起走到终点。

当他的步伐很快的时候，而你还在后面慢条斯理甚至是停滞不前，他是不会站在前面等你的。他要的是前方更美妙的风景和更开阔的世界，你不能陪他一同到达，却总会有人愿意与他结伴前行。

2.

当一个男人，整日沉迷游戏、尼古丁和酒精而不能自拔时，即使在之前两人有过一段多么完美多么纯情的感情，到最终都会因为缺失了安全感，缺失了共同打造一个安稳未来的期盼，让这段感情走到山穷水尽的地步。

一个女同事最近正在闹离婚，曾经听她说起夫妻俩以前的事情。我觉得，当初那么艰难都一路走了过来，实属不易，却以离婚收场，也算是男人咎由自取。

他们刚相识的时候，男人大学毕业，一腔热血。他和几个朋友一起开了一家贸易公司。因为事业刚起步，男人整日奔波，经常因为应酬半夜才回家。

那时候，同事一边上班，一边报班考证。两个人虽然相处时间很少，但是因为有了共同的奋斗目标，却相处得十分融洽。男人在事业上敢打敢拼，对同事也温柔体贴。

可是就在男人事业渐稳的时候，一个合作伙伴将整个公司掏空，卷了所有的钱跑得不知所踪，男人的事业瞬间跌入低谷，身上背着巨债，整个人一夜之间迅速苍老了下来。

从此之后，因为受了这次打击，男人一蹶不振，整日浑浑噩噩，不是在街上瞎晃荡，就是跑去酒吧喝酒买醉，要不然就是窝在家里，没日没夜地打游戏，抽烟。那段时间，同事一回到家，看到满屋狼藉，虽然心里觉得委屈，但是一想到男人心中背负了更大的压力，就都隐忍了下来。

这样的日子一直延续了两年，两年的时间男人都没能从当初创业失败的阴影中走出来，依旧像之前一样浑噩度日。而同事为了生活，为了帮他还清债务，白天上班，晚上还要跑出去摆摊赚钱。两年之后，债务终于还清，同事也从一个小职员做到了公司的部门经理。可是男人，却还是连一份正经的工作都没有。

同事终于下定决心要离开这个男人了，她不想将自己的一生交于这么一个萎靡脆弱的人，她也不想在今后的时日中要像照顾小孩子一样照顾一个四肢健全头脑清晰的大男人。在这样的一段婚姻中，她看不到未来，看不到希望，甚至看不到一丝阳光。

其实创业失败又怎样，人生不就是一次次的失败才能换来偶尔一两次的成功吗？如果仅仅只是失败了一次，就萎缩成一个巨婴，那么这样的男人，又如何让人能去托付终身？这样的婚姻，迟早是要宣告结束的。

3.

之前看综艺节目，有一对情侣给我的印象十分深刻。

男人是退伍军人，一穷二白的时候遇见的姑娘。姑娘家境很好，而且为人上进。两个人就在这样一种不对等的关系中恋爱了，爱得浓情蜜意，爱得死去活来。

可是就在面临结婚的时候，男人却退缩了，他要求婚礼延期，他说他想要去北京发展。

后面经过评委老师和主持人抽丝剥茧地分析才知道，原来在这段感情中，情感的天平已经在岁月的流逝中逐渐发生了偏移。

男人因为勤奋上进，事业做得风生水起。而那位姑娘却恰恰相反，因为有了男人的包容，有了男人的宠溺，开始变得有些肆无忌惮。她辞去了原本薪资待遇挺不错的工作，赋闲在家，整日里就和朋友约在一起，除了出去逛街买东西之外就是做SPA，另外就是无休无止地打麻将。

用男人的话说，她都还没结婚，就像那些老年妇女一样，成为麻将迷了。

当然，除去这些，在家里女人也从不做家务，对待男人更是飞扬跋扈，得理不饶人。

男人虽然看似忠厚老实，但在这样的一种关系之中，自己心里也早就开始打起了小算盘。这个女人或许并不是那个值得与自己共度一生的人，但是又碍于当初的感情，以及毕竟姑娘家世还不错的原因，提出了婚礼延期。

这样可进可退，于己无害，可谓两全。毕竟如果自己去到北京，发展顺利，那么这边的一切就可以从此了断，自己可以找一个和自己有共同步调的人；如果北京那边出师不利，退回老家，这边也还有一个可以安身的家。

虽然，男人的这点小心思昭然若揭。但是所有人都看得出来，这个男人是很爱这个女人的，至少从前是。

到最后，出现了这么一个波折的原因，我想大家也都明了于心。不过是那个男生的脚步很快，而女生却始终停滞不前，甚至一直都在后退。如果女生还像刚认识的时候一样，勤奋上进，那么我想，他断然不会出现这样荒唐的想法。

4.

走到今天,所有人都在宣扬男女平等,都在提倡女人也是半边天。但其实不然，男权思想在很多人心中一直都存在着，甚至会一直存在很长一段时间。

最可悲的是，一些女性自己虽然口中喊着女权，却在私下里常常默认男权这种行为。

不然你怎么会说“我负责貌美如花，你负责赚钱养家”？你怎么就不能赚钱养家了呢？你难道不懂得，经济基础才是奠定社会地位的保障吗？

不然你怎么会说“面包和爱情你都给不了，我还要你干吗”？面包和爱情难道你自己给不了吗？面包你可以自己给，有了面包的自己，也终究能寻得一份不错的爱情，这一切都不应该是别人给的，而应是通过自己努力得来的。

其实说这么多，是感觉到在很多的感情当中，因为最终归宿都变成了婚姻。而女人在婚姻之后，往往丢弃掉了婚前很多的东西。比如说工作，比如说专业，还有和这个社会的接触。

由此可知，自然而然地，女性才是在婚姻中因为家庭导致了自己牺牲了才华，成了那个原地踏步的人。你自己不肯积极认真地生活，那么，不管得到命运何等优待的安排都没有用。因为这个原因，才成为了婚姻的牺牲品。

你想啊，他一回到家，说什么你都不懂，说什么你都理解不了。他觉得自己在一直进步，而你已经早就脱离这个社会了，什么都帮不到他，也理解不了他。对方难免有一种嫌弃和厌恶感，开始日积月累，最终因为某件琐事爆发，成了离婚的导火线。

所以，不管结婚与否，我都希望你时刻保持自己学习的能力，时刻保持和这个社会融洽相处的能力，时刻保持无论在经济上还是精神上独立自主的能力。只有这样，两个人保持同样的步伐，共同前进，才是一段感情永葆年轻的最佳方法。

你很珍贵，
要活得高贵

+++

1.

前两年过年回家的时候，我妈向我唠叨，邻居家的女儿艳红结婚了，嫁给一个金龟婿，有车有房有事业。

她的语气中有一丝不快，她说，你看人家艳红从小到大，长得没你好，成绩没你优秀，学历也没你高。可是你看看人家，现在多风光啊，现在整个村子都跑去巴结她家呢！

我笑笑，当作没听见。我妈看着我手里拿着一本书，两耳不闻窗外事的模样，叹了口气，摇摇头。

我过去挽着她的手臂笑着说："妈，人的幸福呢，不一定要看新郎家的财力的。嫁得好固然是好事，但是那些东西，终究都不是自己的，很多时候，坐享其成的东西，也容易不翼而飞。更何况，你闺女不是还没嫁吗，说不定将来能找到一个更加优秀的金龟婿呢！”

我妈说不过我，挣脱我的手翻了一个白眼就自顾自地走了。

看到我妈像个小孩儿一般赌气的模样，我暗暗松了口气，她其实也只是嘴上发发牢骚罢了。

2.

这个社会就是这样，攀比来攀比去，特别是对于一些人能轻易得来东西，就更容易引起周围人的艳羡。

可是艳红这段当时羡煞旁人的婚姻，最终却被我一语成谶。现如今，已经成了村里人茶余饭后的谈资，甚至还成为一些人讥讽的对象。

对方是一个浪荡公子，哪里受得了婚姻的束缚。结婚不到半年，就在外面胡搞。艳红知道后，跟他大闹一场。

可是没承想，那个男人根本就不把她放在眼里，任她吵任她闹，就是不回家，甚至在外面养起了小三。艳红气不过，找小三理论，两个人一言不合动起手来。结果那个男人反手就给了她一耳光，口出狂言说，你算什么东西？当初把你从穷山村里娶回来，已经给你天大的福分了，你还不知道满足，真把自己当女主人了。

艳红没办法，回家跟公公婆婆诉苦，谁知道婆婆张口就说，男人在外面打拼事业，总会有些应酬的，你怎么就不理解他，给他一点空间呢？

艳红开始忍气吞声，努力装作充耳不闻，她想把自己已经得到的富足生活紧紧攥在手中，她也不想成为我们那个不大但是只要有风吹草动就流言四起的小村庄里的笑柄。

可是男人每每喝醉之后，一回到家，就对她拳打脚踢。忍受了半年之后，带着满心的疲惫和满身的伤痕，艳红终于逃离了那个她以为能让自己风光无限的婆家，回到了原本属于自己的世界里。

这段婚姻，持续了不到一年的时间。

有时候，回家看到脸色苍白，神情疲惫的艳红，我总觉得悲哀，也觉得心痛。原本花样年纪的姑娘，应该是那种笑靥如花、青春靓丽的姿态，可是在她的脸上，看到的，除了对这个社会的敌意就是对生活的不满。

她痛斥男人的狼心狗肺，也抱怨社会的人情冷漠。但是她从来未曾想过，如果自己努力活出一个美好的姿态来，努力有一样足够让自己能坚实地走在这个社会上的生活技能或者说赚钱能力。或许就不会遇到当初那个男人，或许遇到那个男人也不会发生这样的悲剧，即使发生这样的悲剧之后也能再次振作，笑看人生，以饱满的姿态忘掉过去，重新投入到崭新的生活中去。

世上找不出两个完全相同的人。生得再平凡，也是限量版。别瞧不起自己，你要把自己当作奢侈品，要对得起自己。不论周围人如何的眼含轻蔑，都不该妨碍你冷艳高傲地活着。

你很珍贵，要活得高贵！

一个人要想拥有一个完美的人生，要想随心所欲地生活在这片土地上，就一定要有自力更生的能力，就一定要有不依附于任何人也能潇洒地过好每一天的实力。

尤其对于女人来说，如果你拥有一份还不错的事业，拥有一份足够养活自己的工作，那么你在经济上就不会依附于任何人，你可以买自己喜欢的包包，你可以看自己喜欢的电影，你可以去自己喜欢的地方独自旅行，你可以拥有自己一个不算豪华但是足够温暖的小窝。你可以爱自己喜欢的人，也可以放心大胆地让自己爱的人喜欢自己。

这些足以让一个姑娘变成一个独立的人，变成一个有生活质量的人。

可是总是有很多姑娘忘掉了生活的根本，忘掉了自己才是唯一一个可以让自己活得漂亮的人。她们总是寄希望于自己的另一半，希望他帅气多金，也希望他永远把自己捧在手心里呵护。

这样的男人不是没有，但是只要你遇上一个三心二意的男人，就足以摧毁你的整个人生。

3.

我刚到厦门的时候认识一个三十多岁的姐姐，离异，她也是我当时的老板。

听她说起，刚结婚时，她跟前夫一贫如洗，两个人在这座城市里相依为命，但是各自打拼。他们各有各的事业，各有各的生活，但是在那段艰难的岁月里，彼此成为了对方最值得信赖的精神支柱。

当时，前夫做医疗器材生意，她做广告。随着市场的好转，两个人的事业都逐渐走向了正轨，手上都握有自己的公司。但也是在生活富足之后，两个人的感情逐渐发生了微妙的变化。

一开始，她只是以为，两个人相处的时间长了，所以感情逐渐变淡。直到后来，她意外地发现，原来自己的老公和他的秘书在一起已经有半年之久。

知道对方出轨后，她没有歇斯底里，也没有大吵大闹，更没有无底线无节操地哀求，只是安静地请律师拟好了离婚协议。在前夫回来的时候，签好字拿到他的面前，淡定地说，签个字吧。

前夫也试图挽留，也乞求她的原谅，但是她冷冷地说，我的眼里揉不得半点沙子，特别是在感情上。既然你已经出轨，为了顾及你的面子，我也不想闹得尽人皆知，只希望你签好字，我们从此一刀两断。

离婚后的她，并没有受半点影响，公司照常运营，健身、旅游、读书、听音乐会也照常进行。她说，我并没有觉得自己少了什么，如果一定要说有的话，就是一个搭伙过日子的人。我依旧有自己的绚烂生活，依旧有自己的追求和梦想。我婚姻中不需要他的经济支撑，婚后离开他了也能活得饱满健康。

其实一段感情，在很大的程度上会因为经济的原因，有所倾斜。

如果你没有一份足够让自己心安的事业，哪怕是一份稳定的工作，一旦在感情中失去了存在感，那么在未来的生活中可能会面临无尽的灰暗。

因为你离不开他，也因为你原本就产生了对他的依赖，所以即使他出轨，即使他对你忽冷忽热，即使他对你百般厌烦，你也想要极力保住这段婚姻。但是往往越是这样，他就会越发肆无忌惮。如此循环往复，你只会在这段感情中受尽折磨，但是又无能为力。

如果你想拥有一份势均力敌的感情，想拥有一个心安的归宿，经济独立是首先要保证的。因为这样，在这段感情中你可能才会更有底气，即使将来感情变质，也能潇洒大步离开。

愿你不纠缠，不妥协，不为自己的软弱失掉了尊严。不管何时何地，都活成一个热烈而洒脱的有质感的人。

任何的暧昧，都是因为不够爱

+++

1.

姗姗是我发小，从小娇生惯养，长得水灵动人。

大学的时候姗姗谈了一个男朋友，打算明年结婚，于是趁着这段时间见了双方父母。姗姗觉得，已经相处了这么多年，是时候组建一个家庭了。于是，在见完父母之后，迫切地打电话给男生，想问问他母亲的意思。

男生在电话那头说话有些吞吞吐吐。他说，我妈说，我们俩在一起不合适。

姗姗愣住了，问他：“什么叫作不合适？难道我们是失散多年的兄妹？”

男生严肃地说，姗姗，我是认真的。

姗姗笑出了眼泪，她说，我也是认真的啊。那你是什么意思？要分手吗？

男生说，对不起，姗姗。你是个好女孩，我也很爱你，可是我妈独自把我拉扯大，我必须尊重她的想法。

姗姗说，那我呢，我陪了你那么久，你不要尊重一下我的想法吗？

男生说，对不起。然后挂断了电话。

有些人真是好笑，觉得“对不起”是这个世界上最美妙的说辞，因为只要说完这三个字就能把所有的责任推得一干二净。

姗姗说，我好想痛骂他一顿，然后跟他说声对不起，反正说对不起万能嘛！但最终，姗姗没有纠缠，在那天之后，拉黑了男生所有的联系方式。

我问她，不难过吗？

她无奈地笑笑说，难过啊，可是又能怎样呢？只能放开了想，就当这三年包养了一个小白脸，毕竟他颜值还不错不是吗？

2.

刚毕业的时候，我的主管领导是一个二十几岁的漂亮姑娘，我叫她安姐。

安姐妆容精致，言谈举止让人如沐春风。由于住得近的缘故，我们会经常约着一起逛商场，看电影，偶尔还看帅哥。

有几次在晨跑的时候，看到安姐挽着一个五十岁上下女人的手臂，一起从超市买菜回来，十分亲昵。

一次一起吃饭的时候，我问安姐，你妈妈跟你住一块儿吗？安姐笑着说，你看到的是我婆婆吧？我妈在乡下呢，很少来。

我一脸惊愕，不都说婆媳之间永远都是势如水火吗？你们俩那亲昵劲儿，看上过去绝对是亲妈呀！

直到后来，我才知道，其实安姐老家在湘西一个偏僻的小山村里，从小家境就很贫穷。毕业那年，安姐遇见了现在的先生。

安姐一直明白，先生家境富足，父母都是政府官员，有一个叔叔是一个上市公司的大老板。而自己只是一个乡下来的姑娘，两个门不当户不对的人，即使走到一起，最终也会面临分手的结局，何况那时候她并不爱他。

男生追了她两年，一直陪在她身边不离不弃，安姐最终还是感动了，她决定拼一把，即使真的要分离，也不辜负了他这两年的相守一场。

果不其然，先生的妈妈在知道安姐的家境之后，坚决地让儿子和她分手。

男生据理力争，不惜和家里闹翻也要跟安姐在一起。真的跟玛丽苏剧一样，他从家里搬了出来，选择和安姐住在一起，没有了家里的经济支持，之前所有的富足生活一下子变成了另外一个模样。

可是男生从来都没有因为这件事有过一丝的犹豫，每天都过得生机勃勃。他说，我妈那脾气我太了解了，只要咱们动之以情晓之以理地跟她熬着，最终她肯定会妥协的。

果不其然，在僵持了一个月之后，先生带着她回到家，各种赔礼道歉，各种说好话哄老太太开心。

可能安姐真的是一个讨人喜欢的姑娘，才相处了半个月，老太太立马改变了之前的看法，对她赞不绝口，说她乖巧懂事，识大体，看起来温文尔雅，像是个书香门第出来的大家闺秀。还说之前是自己封建顽固，差点错过了这样的好儿媳。

我毕业那年，安姐和老公已经结婚四年。这四年以来，从来都没跟婆婆红过一次脸，有时候跟先生生气，老太太还会在一旁帮着她训斥自己儿子的不是。

我说，安姐，你到底是怎么做到的，婆媳相处这个历史难题到你这里怎么就迎刃而解了？

安姐笑笑说，夸她呗。你要说某某虽然年轻，但是绝对没有她有气质；某某虽然有气质，但绝对没有她那么有内涵……女人最难以拒绝的，就是赞美，而像我婆婆这样自身条件优越、非常自信的人，夸奖她一句，绝对比你洗十次衣服、拖十次地板、做十顿丰盛的晚餐要管用。

其实我当然知道，以安姐的才情绝不仅仅是靠夸赞就能得到老太太的喜欢，她性格本就招人喜欢，为人又不争不抢，宽容温柔。这中间其实最重要的，是少不了先生的高情商协调，他懂得如何调动两人之间的情绪进行互补，懂得在这样的一种关系中如何自处。

3.

感情从来都是两个人的事情，而爱更是彼此间情感的笃定和寄托，它不应该因为外界的干扰而有所偏移。

如果因为父母的一句话，因为朋友的一句评价，或者因为周围一些不同的声音而改变了初衷，对感情变得暧昧起来，那只能说明一点：他并没有你想象中的那么爱你。

就如同以上两个故事，姗姗的男朋友其实根本就没打算要跟她结婚，只是碍于姗姗的催促，又不敢面对良心的鞭挞，于是只能勉强带姗姗去见家长。而最终，母亲的决定成了他最好的挡箭牌。他如果真的爱她，那么就一定会像安姐的先生那样，奋不顾身，毕竟又有哪个父母真的会因为儿子的婚姻而选择与儿子一刀两断。

更何况，来日方长，又有谁会知道，他的父母最终不会改变之前的看法，像安姐的婆婆一样，待安姐如女儿一般？

说到底，只是因为不够爱罢了。

如果真的决定要厮守终身，那么任何人任何事情，都不会动摇你们的决心。因为他早就认定你了，而你也早就下定决心要追随于他。

如果一个男人跟你说“我要问问我爸妈的意见”，那他一定是还没做好和你厮守到老的准备，他只是借此拖延一下时间，或者以父母为挡箭牌来为自己下定一个决心。父母说“可以”，那就在一起，父母说“不行”，那就分道扬镳。

父母只是这段感情的旁观者，他们永远看不到这段感情的全部，而其中的冷暖，只有身在其中的人最明了。他们的话，可以当作未来婚姻的参考，但是绝不能用来为你们的感情做一个荒唐的决定。

这样的他，是懦弱的，是摇摆不定的，也是盲目的。

请你也一定不要嫁给这样的他。

你要记得，就如你一样，真正爱一个人，是忘乎所以，是不顾一切，是赴汤蹈火。

没有棱角的善良，暴露的是你的怯懦

+++

当你全力以赴，打算对一个人好的时候，你就变成了智力障碍者、聋人、盲人，眼里除了他，就什么都装不下了。

就连伤害都变成了一场爱情的检测，你还傻不啦叽地一直狗血地鼓励着自己一定要坚强。

1.

在一段感情中最戏谑最残酷的事情莫过于，对方已经决定跟你分手了，只是还没想好充分的理由所以未说出口，而你却还乐此不疲地计划着两个人的下一步。

然而更让人觉得心酸的是，在你发现这个事实之前，你还一直懊恼地责怪自己，还以为是自己没有学会更好的珍惜。

就如同我一样，在很久之前，我一直觉得自己脾气很糟糕，觉得自己任性，觉得自己偶尔会无理取闹，所以在面对他的时候，总会有种很深的内疚感。

我曾经尝试着去改变自己，让自己变得温和一些，变得善解人意一些，可是很多事情在不知不觉之间，还是悄悄地在发生着天翻地覆的变化。我从来都未曾想到，我们之间的吵闹、歇斯底里，还有莫名其妙的生疏，都是因为对方的原因引起的。我总觉得，可能是自己太任性了，所以让他心情不好；总觉得可能是自己脾气太冲，所以两个人经常争吵；总觉得可能是自己太黏人，而他太忙，耽误了他的学习，所以他才会选择对我发的信息视而不见。

可是我忘了，我一直都是这样啊，刚刚在一起时是这样，到分手那个时候也是这样，甚至到了今天，依旧是这样。

刚刚在一起时，他说我这样的性格直率可爱，是他喜欢的类型。可是为什么到了后面，就成了争执的理由了呢？

直到分手之后的第二天，在他的朋友圈看到了他跟别的女生甜蜜恩爱的合照，我才突然醒悟了过来。

原来之前所有我精心为他准备好的理由，都只不过是为了掩盖他不再爱我，不再喜欢我而选择敷衍我的事实罢了。

是的，当一段感情还在的时候，你的矫情你的刁蛮你的任性，都是单纯；你的浪漫你的天真甚至你的愚蠢，都是可爱。当一段感情不在的时候，那么你这个人，楚楚可怜是错，生机勃发是错，你和他在同一个地球上同呼吸共命运都是错。或许你可以为他生为他死，那更是让他午夜梦回时破口大骂的一个错。

没有棱角的善良，不仅不能向世界传达你的善意，反而输送了你的怯意；没有原则的善良，让真正的朋友寒心，让不值得的人永远不懂得“不可侵犯”四个字。

2.

朋友豆儿跟我说，分手前，她也曾经历过类似的不堪。

原本到了谈婚论嫁的地步，有一个阳光明媚的周末，她说，任齐，你陪我去看看婚纱吧。他说，你自己去吧，喜欢什么样的，咱就买什么样的，我这正忙着呢。

豆儿心想，是啊，他刚处于事业上升阶段呢，那就不打扰他了吧，自己去选好了。虽然在走出门的那一刻，心里既失落又难过。

每次他回家很晚时，豆儿早已做好一桌子菜，饭菜热了好几遍，自己饿着肚子也要等他，可是他回来却说，你还没吃啊，我今晚应酬，已经先吃了。

豆儿想，他为了工作都那么拼那么累了，自己就多包容一下吧，也没什么的。

大部分的周末，他一早就出门了，很多次豆儿想跟他去看场电影，来一场简单的约会，可是他总是说，你自己去看电影吧，你自己和闺密去逛街吧，我工作忙呢。

有一次，豆儿特意买了套性感内衣，在情人节那天穿上，原本想一起出去吃个浪漫的晚餐，然后在附近的一家五星级酒店开个房，感受一下不同的生活氛围。

可是那天晚上等到十二点钟他才回家，刚进家门，直接躺在床上就呼呼大睡起来。

豆儿原本是有些生气的，可是看到他那张写满倦意的脸和安睡时紧蹙的眉头，就什么都不想了，他工作那么累，就不计较这些了吧。

甚至有一个晚上，豆儿和朋友在餐厅吃饭，上洗手间的时候，看到了任齐和一个打扮入时的姑娘坐在一起吃饭，两个人笑得十分开心。可是明明自己打电话给他的时候，他说工作很忙，晚上要加班的。

可是豆儿转念一想，可能是因为工作太晚，顺便和同事一起出来吃个饭吧，所以也没什么可怀疑的。

直到有一天深夜，豆儿被他的短信铃声吵醒，原本以为是垃圾短信，可是不经意间瞟了一眼，赫然看到上面写着：任齐，我想你了。

那一刻，她如坠冰窖，自己一直深信不疑的未婚夫，竟然在他们新婚前夕出轨了。

她拿起手机，看到了他们之间的聊天记录，里面居然全是些不堪入目的挑逗性言语。那女生叫他老公，他叫那女生宝宝。可是在他们刚在一起的时候，他也是这样称呼自己的呀，难怪这样的称谓，她好像已经很久很久都未曾听到过了。

而她以为的，那些所谓的深夜加班，那些面色疲倦，甚至那些夜不归宿和外地出差，都只不过是他骗她的借口罢了。而自己，还傻傻地一直都在为他的出轨乐此不疲地找着借口。

真是很戏谑呀，男朋友出轨，而自己却是他敢那么明目张胆的帮凶。

明明只是敷衍罢了，却偏偏因为爱得太深，而自以为宽容大度地为他找着各样不同的理由。

豆儿第二天下班回家的时候说，任齐，在此之前，我那么傻，我总觉得，你就放心敷衍我好了，只要不涉及原则性的问题，借口我都帮你找好。可是从昨天晚上看到你们的聊天记录起，我突然觉得累和恶心，所以你之前的那些敷衍啊，那些堂而皇之的理由啊，在我这里都通通过期了。

我们分手吧。

是的，其实他爱不爱你，是真的没有那么多的理由和借口的。所谓的工作忙，所谓的应酬多，在爱情面前，什么都不是。

如果在这段感情里，因为工作，因为家庭，或者因为其他任何外在的原因，而选择对你视而不见或者百般推托，那都不是真正的原因。真正的原因永远都只有一个，那就是：他不爱你了。

是高冷还是话痨
是要看对象的

+++

1.

我在上一家公司工作的时候，曾参加了一场签约讨论会。对方公司老总是一个四十多岁的男人，穿着考究，头发打理得一丝不乱，说话儒雅大方，一眼看过去就是那种能让人过目不忘、魅力值爆表的大叔。

开会期间，他的手机亮起过几次。每次我看他的神情，都是嘴角含着浓浓的笑意，那种宠溺的神情，就如同手机是他的爱人一般。

不经意间，我看到他手机的屏保照片，是一个看起来有些年纪的女人，但是仪态优雅，风韵不减。

他几次拿起手机，脸上没有任何的不耐烦的神色，相反，是一种轻松得如同平常交谈一般稀松平常的状态。

记忆最深的是，开完会之后，在公司的走廊上，我听见他打电话说，“老婆，你在家里等着我，我下班之后，顺便买好菜就回来。”

原本是一句最普通最简单不过的话，但是那一刻在我听来，一瞬间竟觉得温暖异常。看他们的年纪，应该结婚十几二十年的样子。可是看起来，这段夫妻间的对话，虽然早就沦为了日常的琐碎，但是依旧琴瑟和鸣，依旧深情甚笃。

我在想，刚刚那人的妻子和他在说些什么呢？是烤出了一屉美味的小面包？是看到了什么美好的景色？是电影里出现了什么感人的桥段？是儿女打来了问候的电话？还是只不过是今晚想要做什么可口的饭菜？

但是不管是什么，那种在工作之余能随时说上话的感情，在生活中一定少了很多的磕磕碰碰吧？

其实我们很多时候，都会出现这样的尴尬场面。

夜半噩梦惊醒，看着身边人熟睡的面庞，却不敢轻声唤醒，因为不知道换来的是对方的柔声安慰，还是一声冷漠的责备。然后只好把那种心有余悸、孤独难眠的情绪带到天明。

上班过程中遇到被故意刁难或者受到不平等待遇的委屈，也不敢向正在忙碌的对方抱怨一声，控诉一声。因为不知道换来的是对方的同仇敌忾，还是一声不耐烦的“我很忙，这点事情还用跟我说”！然后只好把泪水吞回肚里，留着沮丧和难过的心情挨到下班，在回家的路上慢慢消化。

生活就是这样啊。即使遇到类似的情形，我们也不能埋怨身边的人，因为这就是生活的常态。他能柔声安慰，那就是雪中送炭；他即使是冷漠以对，也不能说成是落井下石。因为他可能也面对着相同的困境，也可能积郁着同样的情绪。

但是，如果真有那么一个能够张开臂膀，不管你难过还是快乐，都能把你拥入怀中的人，那他就一定是你的良配。

2.

曾经看到这样一句话：无回应之处，便是绝望。

遇见过很多人，经历过很多故事，对于这句话，我深以为然。感情最怕的不是绝情，不是背叛，也不是抽离，而是孤独的煎熬。是那种同在屋檐下，不可通言语的煎熬；是那种夜半睡梦醒，无人可呢喃之时孤独的煎熬。

感情没了，背对背大步走开，这是最潇洒最漂亮的结局；最怕的是一人苦苦追寻，而另一人却想方设法地逃避。

在我眼中，感情从来都是公平也是对等的，失掉公平和对等的感情，就是一场卑劣的角逐。一个丢掉尊严的委曲求全，一个肆无忌惮地予取予求，或者毫无底线地退避躲藏。曾经的千言万语诉不尽衷肠，到最后落得个相顾无言无话可说的下场。

记得几年之前，王志文接受朱军的采访。朱军问他，想找个什么样的人结婚？王志文回答说，想找个可以随时说话的人。

在我看来，能够随时说上话的情侣或者夫妻，才是这世间最平凡但又是最珍贵的一种情感关系：相处久不变，老来似新人。

对于最妥善的感情，历经沧桑的人，总比一腔热血的人冷暖自知得多。

我们很多人在十几二十来岁时，总以为爱情和生活一样，总要跌宕起伏，轰轰烈烈，又或者是缠绵悱恻，历久弥新。可是世间的感情大多平凡，大多在岁月的流逝中会变成柴米油盐酱醋茶的恬淡。就连把爱情看得至重的三毛，也并不是不食人间烟火的仙子，她也会跟荷西调侃一日三餐，也会在日渐冗长的岁月之中变得琐碎平淡。

这一切，只是因为生活跟感情一样，并非一定总是激情澎湃，终会归于平静。因此，身边陪伴的这个人，一定要能够陪你一同赏尽朝露暮霭，也能够陪你西窗剪烛；能够陪你看尽绝世山河，也能够陪你却话巴山夜雨；能够陪你听尽绕梁余音，也能够陪你西出阳关。

3.

真正快乐的爱情，幸福的婚姻，并不是那种所谓的山盟海誓、轰轰烈烈的感情；而是那种能够随时随地分享彼此的心情，能够相视一笑就心意相通，既能丰满鲜活又能患难与共的感情。

轰轰烈烈只是因为当下情绪的膨胀，为了彼此甩下的豪言壮语，它并非不真实，但谁也不知道是否长久；但是细水长流，能够时刻闲话家常的感情，是一定能够陪伴彼此直至终老的。

更何况，那个能够随时随地都能跟你说话的人，一定是一个包容你、珍爱你、懂你和了解你的人。他不是那个冷漠的、决绝的、冰冷的、让人望而生畏的人。在他的身边，你可以感受到闲庭落花的惬意，可以感受到雪域金辉的辽阔，可以感受到烟雨江南的浪漫，也可以感受到虽然来自山川湖海，却甘愿囿于厨房的爱意。

一生原本就稍纵即逝，没有多少的轰轰烈烈可以演绎，也没有多少的浩荡可以沉迷。如果真有一人，愿陪你笑看风雪、笑谈风月，甘愿陪你采菊东篱、闲谈茶桑，那本就是人生一大快事，谨望你珍重。

让人舒适的关系都有韧性，扯不断但又拉得开

+++

1.

我曾是一个特别依赖人的姑娘，希望时时刻刻都有人可以陪着我做不同的事情。我忍受不了一个人在熙熙攘攘的大街看着别人成双成对，我也忍受不了在空荡荡的餐厅里一个人埋头吃饭，我更忍受不了半夜噩梦惊醒后只能听见自己暗哑的哭泣声。

是的，对于我而言，这样的生活会感觉自己被整个世界抛弃。

可是经历了几个人，看惯了那些所谓的离别，我才明白原来这个世界上，真的没有一旦出现就注定要陪你到天荒地老的那个人。朋友

也好，爱人也罢，他们各有各的追求，各有各的幸福。

当你不再属于他们的幸福世界里的时候，在一个晴朗的午后，或者一个倾盆大雨的夜晚，他们就会彻底地消失在你的世界里。

没有了温暖，没有了陪伴，剩下的不过是你一人而已。

因为经历了几次离别，有的是不告而别，有的是绝情离去。我逐渐明白，原来只有自己才是自己最温暖的依靠，只有自己才会在寂寞无人的时候，给予自己最大的勇气。

逐渐地，我习惯了一个人的生活，我学会享受一个人独处的平静时光。

朱迪·福特说过：我们独自出生，独自死去，而且灵魂深处，独自生活。但这也是生活中诸多的诗意反讽之一，只有独处时，我们才是最完整的。

独处的时候，是一个人思想最明晰、内心最活跃的时候，也是在这个时候，你才会明白自己想要什么样的生活，你在一段关系中处于一个什么样的位置，你要为自己的未来做出怎样的努力或者牺牲，等等。也只有在这时候，你才能够真正地了解自己，爱惜自己，并且努力去提升自己。

2.

之前认识一个姑娘小茜，人美嘴甜，声音也格外动听。小茜有一个很爱她的男友，两个人相处两年了还像热恋一般浓情蜜意。

小茜曾经跟我说，她一想到什么事情都能和男友一起去完成，什么梦想都可以一分为二共同奋斗，对她而言，这就是生活中最大的幸福了。

年少稚嫩时，我也曾特别羡慕小茜拥有的这样一段感情，也羡慕她什么事情都有人可以共同承担。诚然，在我们的生活中，似乎这样的感情一直都是特别受人羡慕的。

小茜自己也一直觉得，他们之间的感情是毫无瑕疵的，她也一直坚信，在一起的这段时间里，彼此是足够相爱的。

可是半年之后，小茜的男友失踪了。

走的那一天，他发了一条信息说，跟你在一起，我感觉太累了，我总觉得不是自己在活着，而是背负着你一起活着。所以，我们分手吧，不要试图来找我了。

失去他的那段时间，小茜像是变了一个人一样，形容枯槁，面色憔悴。她像疯了一样四处打听他的消息，她发了无数条短信，打了无数个电话乞求他回来。

可是无论她多努力，男生终究还是再也没有出现，再也没有回过她一条短信、一个电话。

小茜的生活瞬间坍塌了，她受不了缺少陪伴的生活，受不了明明自己觉得很幸福时他突然间抽离，她也受不了没有他在身边的孤独日子。她甚至想到了自杀。

幸好，在一众朋友的劝诫和陪伴下，她逐渐学会了放下。

如今的她事业顺利，虽然依旧是一个人，但是活得精致而且漂亮。她可以一个人上下班，可以一个人吃饭睡觉，可以一个人去电影院看电影，可以一个人天南海北四处游玩。

她说，曾经他在的时候，我总觉得那个时候自己的状态就是幸福饱满的，可是当他离开这么多年，我一个人走过来的时候才明白，原来我一个人的时候，自己也可以这么优秀。

3.

记得曾经去大理游玩的时候，在车上遇见了一个三十多岁的姐姐。那个姐姐打扮时髦，妆容精致，一眼看过去就是那种能把日子过得充满惊喜和甜蜜的人。

在洱海的时候，看到让人叹为观止的景色时，她打开手机，跟老公视频。笑容恬淡，表情温和宠溺。

她老公在那边说，你一个人好好玩，多拍一点照片，对自己好一点儿，看到喜欢的东西别舍不得花钱买。言语之间，是浓浓的温情。

后面，我们聊天的时候才知道，原来这位姐姐的丈夫在投资银行工作，整天忙得屁股冒烟，基本上没有时间陪她出去走走。

一开始的时候，她也烦恼，也跟他生气。可是相处久了，她就逐渐理解了他，并把之前倾注在他身上的注意力收了回来，专心致志地去做自己的事情。

在老公的支持下，她开了一家品牌加盟店，从此之后，生活逐渐忙碌起来。在没有他陪伴的时候，她就自己学习，把自己的事业搞得有声有色。

她每年都会给自己两个月的时间出去旅游，去世界各地看看。

她说，其实她明白，只要两个人心里彼此牵绊着，是真的没必要整天腻歪在一块的。只要一个问候，一个微笑，一句温暖体贴的话，彼此之间就都明了了。

更何况，两个人相处久了，难免会吵闹，难免柴米油盐，感情反而会越处越淡。而这样，两个人彼此有一点儿空间，留给彼此多一些独处的时间，反而会让两个人更加珍惜彼此，也更了解自己的心态。当然还能在这段时间里，尽自己最大的能力去提升自己各方面的素养。

安娜·大卫曾说：我以前戴着有色眼镜用“但我就一个人”看待每一件事情，以至于浪费了很多时间。而且，被“我将孤独终老”的念头吓坏了。

我们生而为人，天生是一种群居动物。在繁复的世间，对于孤独，对于寂寞，总是过于讳莫如深。

我也曾害怕一个人吃饭，害怕一个人走路，害怕一个人看电影，害怕一个人欣赏美丽的风景。因为在我的心中，这些美好的事情，都应该有一个如它们一般美好的人能够共同分享。

其实，爱情并不是朝朝暮暮就能长长久久。相反，松弛一些，给彼此留一点儿空间和时间，反而会更有利于双方的成长成熟，也更能保持感情的新鲜感。

我们常常把既得的陪伴，看成是生命里至关重要的一部分，一旦丢失，就好像生命都开始变得不完整起来。

可是有些人总会要走，有些风景注定只能一个人欣赏，而有些话也只能落寞地埋在心底。我们不得不在这个残酷的世间，抛下软肋，活成自己的盔甲。

不管这个人是不是还在你的身边，不管这个人是不是能够继续陪你看细水长流，学会独处，享受孤独，习惯一个人看风起云涌，看日落西山，就是把自己活得更强大的铁证。

因为，独处的时候是一个人最具学习能力，也是最能沉得下心学习的时候。尤其对于一个女人而言，学会独处既能让自己精神上不依附对方，又能让自己在这段时间里充分学习，做到物质上、精神上不攀附对方。

聚散或许无常，人生别来无恙

+++

1.

朋友萌萌和前男友在一起十年。

十年的时间，足够让两个人把感情绵延入心，足以让彼此成为生命中最重要的人，而他们自己也觉得，这一辈子两个人是注定要在一起永不分开的。

他们约好在十年纪念日的那一天就去民政局登记，可是真的到了那一天，朋友却逃了。

因为，她不知道，自己是不是应该就这样一腔孤勇地就走进一段婚姻之中，也不知道，这样平淡的日子是不是真的就是自己想要的生活。总而言之，就是她还不想这么快进入到一段婚姻当中。

可是让我意想不到的是，逃婚的不仅朋友一个，她前男友那天也没有出现在民政局的大门口。

他给朋友发微信说，对不起，萌萌，我觉得自己好像还没做好准备，我不确定我们是不是真的适合在一起，要不我们先分开一段时间试试看吧。

那次分开，就真的分开了。两个原本害怕走进婚姻殿堂的人，却在一年之后双双携手另外一个人，走进了别人的世界里。

萌萌说，并不是他不好，也并不是我真的不爱他了，十年的感情怎么可能说断就断？只是因为跟他在一起久了，我都不知道自己到底需要一段什么样的感情了，所以害怕婚姻，害怕未来。在跳出来之后，遇见了现在的先生，才发现原来自己想要的感情，其实是这个样子的。

其实我在想，或许朋友现在的先生，和他的前男友调换一下出场的顺序，那么他也很有可能是陪她走进婚姻的那个人。

只是因为当时两个人没有经历过，所以害怕，害怕不知道自己是生活在感情当中，还是生活在平凡的琐碎当中。

说喜新厌旧也好，说见异思迁也罢，但是我想说可能这真的是这个世界上感情的常态。你晚一点儿出现，而他刚好在这个时候，因为社会关系，因为家庭因素，或者因为自己内心的变化，恰巧想要一个稳定的生活。而他晚一点出现，或许你刚好成熟到知道自己想要一个什么样的人，想要一段什么样的陪伴，刚好想要有个人陪伴在自己身边，看日落西山，数皓月星辰。于是，你们终于在一起了。

2.

有人跟我说过这么一段话。

有时候一个决定，真的不是因为什么，只是因为刚好到了那个时间点刚好想去做。比如我一个坚持不结婚的朋友，一路玩到五十岁，交了数不清的女友，可是就在前几年，终于结婚了，到现在还生了两个娃；比如一个一直坚持丁克的朋友，在三十多岁的时候，无缘无故地突然特别喜欢小孩，后来生下了一个大胖小子。

有时候，我们遇不到正确的人，并不能就说明没有这个人存在，或许再等一等这个人就出现了。有时候，我们明明决定好了的一些事情，但是到了一个时间点突然就改变了。

这一切，就连身在其中的我们自己也都难以揣度，更何况是一个不知内情的外人。

有些东西，我们改变不了，即使努力，也不一定就真的会有所改变。

有的人，如果你太快遇上他，或许他刚好还只是一个爱玩没长大的小孩；而有的人，如果你晚一点儿遇上他，他刚好成熟，刚好想要有一个稳定的家，他想娶，而你也刚好做好了出嫁的准备。

感情从来都是前人栽树后人乘凉。因为经历过前段的折磨和苦楚，因为在前段感情中更加懂得了自己想要一个什么样的人陪在身边，所以在遇到下一个人的时候，才会更加成熟更加理智地去处理感情问题。

我认为，这样的感情并没有什么可以被讽刺、被讥笑，甚至是被咒骂的。正因为有了这样一段感情，他们彼此才在分开之后，遇见了自己更加想要生活在一起的人，不是吗？

来者要惜，去者要放

+++

1.

大学时有个异性朋友，大二那年，女朋友跟他分手了，转而跟她所在部门的部长走到了一起。

朋友在女生学校的校门外站了一个晚上，第二天出现在课堂上的时候，双眼红肿。

我问他，难过吗？

他点点头又摇摇头，面无表情。

我曾经以为，男生的感情大抵都是浓烈而隐忍的，他越是表现得冷静，其实内心越是破碎不堪。

可是我没想到的是，两个月之后，男生却跟另外一个女生走到了一起。

只是和以往不同的是，在此之后，以前整日泡在游戏中的那个不思进取的男生不见了，以前不修边幅的那个男生不见了，以前沉默安静的那个男生不见了。出现在大家眼中的是一个在外面拼命找兼职、拉活动，到最后开始自主创业的男生，是一个有闲暇时间要么陪着女朋友泡图书馆、要么带着女朋友出去旅游的男生，是一个爱笑爱闹阳光帅气的男生，是一个无论走到哪里都要牵着女朋友手的男生。

毕业之后，男生事业做得很好，开的摄影工作室在当时那个二线城市也算是小有名气。最关键是因为实现了财务自由，他一年有三分之一的时间可以带着女朋友在外面旅游、拍照。

我问他，当初那么快就走进一段新的感情，难道真的是因为遇见了爱情？

他安静了一会儿，说："其实我当初恨她，特别特别恨。我告诉自己，一定要努力，一定要让她后悔。所以我想尽办法去追一个比她更好看的姑娘，所以我耗尽心力地想让自己变得更加优秀，所以我几乎每天都在朋友圈秀恩爱。但是直到她真的回头的那一刻，我才明白，原来她早就已经不在我心中了。"

当他说出这些话的时候，他当时的心境我已然明了。

当你发现自己真的变得更加优秀了，变得更好看了，变得更加开朗爱笑了，变得更被人喜欢了，那个人就突然变得已经不再那么重要了，就好像从来就没在自己生命中出现过一样。

你知道那种感觉吗，就是即使见面，即使明知道她后悔了，即使她哭红了眼站在自己面前，而自己的内心居然可以平静得毫无涟漪。因为你知道，你已经不再爱她了，所有之前的那些情绪，那些为了她而刻意做的一些事情，现在想起来你都会觉得幼稚可笑。

而现在陪在自己身边的人，才是那个曾经相伴着自己一路成长，单枪匹马义无反顾地跟着自己，走向轰轰烈烈的未来的人。

她，才是你应该努力的理由。

2.

在大学的时候，我曾经也这样失去过一段感情，所以在以后的日子里，我努力让自己变得更加漂亮，变得更自信，变得更加独立。

那段时间，我学会了化妆，开始给自己买一些品牌的护肤品，开始读书，开始培养爱好，开始看时尚杂志，努力想让自己变得更漂亮更有气质。我想，等我变得更加漂亮、更加优秀的时候，你一定会后悔的。

当这一切开始成为一种习惯的时候，我惊奇地发现，原来自己在逐渐地改变，变成另一个更加美好的人，变成一个开始喜欢自己的人。

毕业之后，我遇上了现在的爱人。我们没有太多花哨的甜言蜜语，也没有所谓的轰轰烈烈、花前月下，但只要一个眼神，彼此就明白了对方的心意。

我们都明白，只要心中有了对方，就算牵着手在海边吹吹风也像是一场浪漫的旅行。

虽然我平常总是打击他、挖苦他，但很多时候还是觉得，这样的他和多年前的那段幼稚感情里的前任比起来，更加成熟优秀。

虽然就像上面提到的朋友一样，前任同样也曾回过头来表示后悔，诉说当年的幼稚不懂事，希望我给他一次挽回机会。

我曾经以为，如有一日，遇上此番情景，自己一定会很开心。看到前任后悔的样子，内心一定会十分的舒畅。毕竟，在这段感情的角逐中，我最终还是赢了。

然而，并没有。当时除了恶心再也没有任何其他的情绪。

恶心一个曾经抛弃自己的人，见到之前自己身边卑微的小姑娘如今已然变成了另一副模样后，就恬不知耻地回过头来乞求和好。就好像出现在自己世界里的这个人，就跟沿街走过的一个猥琐的陌生人一样，看了第一眼，就再也没有看第二眼的兴趣。

我除了说一句“谢谢你的厚爱”之外，甚至连打开手机看回复都觉得是累赘。直到那一刻我才明白，只有在年少不懂事的时候，才会因为感情的失败，把所有的过错都归结于自己身上，于是苛责自己应该变成一个更好的人，好到能够让他回心转意。而当自己真正强大起来的时候，又会明了一个抛弃自己、背弃感情的人，其实根本不值得你为他去改变什么。

但是，又很庆幸当时的自己，因为这样的一种倔强和对他的执念，才一步步让自己变得更加美好，直到遇见另一个优秀的人，遇见另一段美好的感情。

这是一种对自己的伤害，但更是一种救赎——伤害无辜的自己，救赎卑微迷失自我的自己。

3.

曾经因为冷漠，因为背叛，因为被抛弃而产生的伤痛，我们总以为失落会相随相伴到终老。

在这个人离开以后，总会用尽全部的力气去标榜自己：失去我，总有一天你会后悔的。于是开始努力把自己变得更好，努力挣钱，努力减肥，学会独处，自己做饭，开始学着穿衣打扮，努力让自己向自己崇拜的偶像的方向靠拢。

直到经历过很多事，遇见过很多人，也听说了很多的故事，才会在逐渐长大的过程中，明白了其实努力并不是因为前任的离开，也不是因为感情的失败，而是要彻彻底底地把自己变成另一副模样，变成一副别人喜欢、自己骄傲的模样。

对方后不后悔，根本一点儿都不重要。因为在他后悔的那一刹那，你已经知道，这个人其实早就已经配不上你的优秀了。

就好像一个朋友曾经说，在离开前任以后，自己很努力很努力地生活，用尽所有力气把自己变得更美更优雅更有内涵。在那以后，身边从不缺少优秀的追求者，但是自己并不想因为一段感情而把自己囿于其中，也不想潦潦草草就又陷入如同上一段感情那样的旋涡。自己变得更加好，并不是因为任何人，而是因为自己对待生活有更高的追求，对待未来有一个更清晰的规划。

的确，变得更加漂亮高雅，并不是要向前任炫耀你有多么厉害，也不是想让他知道当年的自己有多么愚蠢。而是想在将来，遇见一个比自己更加优秀的人时，能够和他一同出现便成为全场的焦点。

你才气逼人，我笑靥如花。如此，才不辜负当年单枪匹马的自己。

幸福的方向不是走向复杂，而是抵达天真

+++

1.

朋友跟我说，她跟一个男生在一起三年，都到了谈婚论嫁的程度了，可是最终她还是逃了。因为她发现，自己爱上了另外一个人。

朋友跟前男友是相亲认识的，双方家世相近，学历相仿，工资水平也差不多，就连长相都不相上下。父母亲友都觉得，我那朋友和他才是最好的良配。

可是朋友在学车的时候，认识了另外一个男生。这个男生个子不高，长相不是特别出众，工作也不算特别优秀，是那种走在街上就能随便看到的平凡无奇的男人。

可是，跟这个男生在一起，她能放纵自己所有的情绪，可以自由自在说自己任何想说的话，哪怕坐在他的小电驴后面感受迎面吹来的风都觉得异常清新。她不用端着，也不用伪装成修养良好的高级知识女性，更不用把自己打造成一副高高在上的都市精英的模样。

她可以跟他坐在街边吃口味香浓的路边摊，可以和他一边喝酒一边划拳，可以喝醉了满世界地吵闹欢笑。而这些，在前男友那里，她是从来都不会做的。她必须保持家教良好的形象，必须要努力保持贤妻良母的姿态，必须像一个高端人士一样跟普通人划分开来。

可是，在这个男生面前，她可以卸下自己的伪装，活成自己最恣意的模样。虽然他只是一个医药公司的部门小主管而已，可是她能从他那里感受到蓬勃青春的气息，还有实现梦想的巨大能量。她想，她需要这样的一种活力，需要一种可以活得放肆和洒脱的精神风貌。

我问她，你放着金龟婿不要，偏偏要找一个一穷二白正在为了自己遥远未来打拼的男人，真的不后悔吗？

她笑笑说，好的生活品质我自己就给得起，我不需要依附男人什么，我想要的不过是一种自己喜欢的生活状态，不过是一份能让自己怦然心动、恣意昂扬的感情而已。

她还说，如果我选择了前男友，那么，势必这一生就要戴着面具小心翼翼地过活，不能大声哭，不能放声笑，像个木偶傀儡一样，直到垂垂老矣。但是选择了他，我就是选择一种自己的生活，可以哭可以笑，可以撒娇也可以撒泼，因为我知道，他可以欣赏我的优秀，也能包容我的任性。

2.

女人这一生，一定多多少少喜欢过甚至爱过几个不同的男人，他们有的温柔缱绻，有的霸道凌厉，有的体贴周到，有的粗枝大叶没心没肺。可是，能陪你走到最后的那个人，大多是能够对你敞开心扉，共担甘苦的人。

也有人说，我最后嫁的，不是爱情而是妥协和合适。可是这妥协和合适，也一定说明了你们相处在一块儿并不会太累。

人心是很奇妙的东西，不能蒙尘，不能长期忍受一点儿不协调的东西。不然，一段感情相处下来，就是劫难。

在一段感情里，除了对方的宽容和宠溺，除了三观上的合拍，除了彼此家世背景、性格上的契合，还必须能达到情感上的共鸣，能对彼此敞开心扉。

我见过很多情侣，在一起时要么浓情蜜意，难分难舍；要么相敬如宾，互相退让包容。可是即使这样看起来毫无瑕疵的感情，相处久了，终究还是难免让人心生倦怠，最终分道扬镳。

很多人事后说，虽然两个人在一起时像一对恋人一样朝夕相处，但是时日久了，感情淡了下来，要么互生嫌隙，要么总觉得心中隔了一道墙。很少会有那种情侣，只要看对方一眼，就能站在街边两个人笑得像个傻瓜似的开心；很少会有那种心情，可以抛开诸事，放纵地、忘情地放声高歌，或者放声大笑。

当你走过一段感情之后，就会明白，两个人在一起能够卸下包袱，丢掉伪装，放声忘我地大笑，是多么重要的一件事情。

爱情是唯心的，相处也是唯心的。理性可以解决现实生活中的很多问题，但是始终解决不了情绪的问题。面对情绪，最好的解决方法只有宣泄，只有引导。

很多时候，我们都会有种错觉，以为找到一个物质上能够匹配，生活上能够对等的人，就找到了一份踏实可靠的感情。

其实，两个人相处，最重要的并不是对方是否富足、外在条件上是否契合；而是两个人在一起能够感受到彼此的情绪，能够把自己最真实、

最放肆的一面表现给对方。

他能触碰到最开心的你，也能拥抱最脆弱的你。他能体会你最感性的一面，也能感知你最强悍的一面。而你，愿意站在他面前忘乎所以地大笑，也能抱着他歇斯底里地痛哭。

因为，真爱一个人，不是爱她最完美的样子，而是连她最肆意、最落魄、最潦倒、最不堪的样子都可以接受，在他的眼中，出现的从来都是爱怜的目光。

优柔寡断是
一种能力的欠缺

+++

1.

乐乐发微信跟我说，她要结婚了，问我可否当她的伴娘。

我说，好啊好啊，最近运气正背呢，正好借着你的婚礼冲冲喜！

不过我有点儿纳闷，她那个男朋友都谈了快七年了，乐乐也眼看就三十岁了，乐乐每次跟他说起结婚的事，他总是含糊其词。要么说工作还不稳定，先缓缓；要么说他还没做好结婚的准备，等再过段时间再说……总之，就是完全没有把结婚这件事提上日程。

这次怎么这么不声不响地就要结婚了，来得也太突然了吧。

乐乐沉默了一会儿说，蓉蓉，你误会了，不是他，我和他已经分手了。

我完全没有料到，这对从大学就在一起，曾经发誓要一生一世守在一起的人，感情到最后还是无疾而终。

我说，乐乐，你是真的想好了吗，还是只是因为想要逼他而一时意气用事？结婚不是儿戏，咱们都这么大的人了，要懂得轻重分寸，不要任性胡闹。

说白了，我是真的替他们感到惋惜，两个人一起走过了那么长时间，经历了那么多的事情，甚至在很长一段时间里，两个人都成了彼此唯一的依靠。如果这样，都还不足以支撑彼此走到最后，这真的难以让人再相信爱情。

乐乐说，蓉蓉，你放心，我和他是和平分手的，分手前的那个晚上，我们通宵长谈。后来明白，我们之间其实并不是不爱了，而是因为太了解彼此，以至于他对婚姻、对未来的生活，再也没有了以往的激情。比如我想结婚、我想有个稳定的家，而他却依旧想过那种逍遥自在的生活，没有束缚，没有责任，他这样长久拖下去的态度，让我极度没有安全感，所以我选择了放弃。

我们在一段感情中总是自信地认为，只要彼此相爱，不管发生什么事情，终究还是会携手一起走下去。我是这样，当初的乐乐也是这样，所以在这近七年的岁月里，他们始终纠缠在一起。

可是走到后来才发现,其实感情真的是这个世界上最脆弱的东西，只要轻轻一碰，就能碎满一地。

我想结婚了，我想有一个安稳的家，我想有个小小的但是温馨的房子，我还想有个小宝宝。可是你，还是活在当初年少轻狂永远十八岁的模样，在这样的时日中把感情越拉越长。

所以，我只能选择离开，去找一个能够给予我足够安全感的人。

2.

我在大理游玩的时候认识了一对情侣。男生帅气，女生靓丽。两个人站在一起，就像是上天刻意匹配好的一对，郎才女貌。

姑娘名叫洛城。离别的时候，我们彼此留下了联系方式，约好了空闲时一起去新疆。

前些天，洛城打电话跟我说，她跟她那个长得颇像金城武的男友分手了。他们在一起八年，可是他们最终还是分道扬镳。

洛城说，其实我们彼此都明白，早些年的那些你侬我侬早就在生活的日渐消磨中消失不见了，那些所谓的刺激啊、新鲜感啊，还有情侣之间的怦然心动啊，早就在他们之间消弭了。

他们之所以还选择在一起，或许是因为自己都不知道到底要怎样去挑明这样一种关系；也可能是两个人都自欺欺人地觉得，既然在一起这么久了，那么感情就一定还在吧；还有可能是明明彼此之间已经再也没有了生活的激情，但是都不忍心违背当初感情浓烈时许下的要天长地久的誓言。

那次大理之旅之后，两个人回到家中开始考虑两个人的关系，最后一致决定，暂时先分开一段时间，如果还会怀念，还会像当初一样浓烈地想念，他们就继续在一起。

可是那段时间，他们离开了彼此，并没有觉得生活丢失了什么，也并没有格外地想念对方，彼此反而可以更好地生活，可以更加肆无忌惮地过自己想要的日子，甚至因为没有一个人在自己身边，整个人变得更加的放松。

他们努力了很多次，尝试着想要靠近一点儿，尝试着去找回那些丢失掉的激情，可最终还是遗憾地发现，情侣做久了关系反而变得越来越像朋友。

所以，两个人最后还是选择分手而做一对好朋友。

洛城说，其实她一点儿都不难过，只是有些惋惜。惋惜当初为什么没有早些结婚，而是放任彼此在这样的关系中以一种随性的姿态发展。到最后，爱情没了，感情也淡了。

如果当初选择了结婚，或许就会有不一样的结果，因为婚姻虽然只是一种契约，但是正是这种所谓的契约关系，在时时刻刻提醒着自己，身边的这个人是自己的爱人，是自己要爱一生一世的人。这样的微妙提醒，或许会把一段感情绵延至终老，渗入到骨肉。

3.

经常听很多小姑娘跟我说起，我不想结婚，我也不想生小孩，我想谈一辈子的恋爱。

想法棒极了，真的。因为当初的我，也是这么想的。我才不要当一个妻子，每天在家里锅碗瓢盆，洗衣做饭；我也不要做一个母亲，整日围绕着小孩转；我更不想做一个黄脸婆，每天在菜市场里跟一群大妈为了几毛钱口水飞溅。

可是当逐渐长大、逐渐成熟的时候，我就明白了，这个世界上，真的是没有什么所谓的恋爱是可以谈一辈子的。大多的感情，情起热烈，随着时日推移，就逐渐开始变淡，到最后甚至会消失不见。

许多长久的爱情，有的是时间刚好，在谈感情的过程中，把彼此都磨合成了最适合自己的人；而有的是因为时间拉得太长，反而因为彼此变得太过相似，最终却变成了路人。

也有男生说，虽然我跟女朋友谈了好几年了，可是我依旧不想结婚，我觉得结不结婚根本不重要，那只是一张纸，替代不了我们的感情。

所有怀着浪漫主义情怀的渣男，都是这么说的。

婚姻并不是一张纸，而是一种法律契约，它有法律所赋予的权利和义务。每一个催你结婚的姑娘，她并不是相信那张纸会带来什么改变，她要的不过是你愿意陪她去领这张纸的一种心安。

是的，就是大家所谓的安全感。

你拉得越长，她就越没有安全感。这种缺失掉的安全感，也会在逐渐的失望和诚惶诚恐之中，逐渐转换成一种情感的缺失。

时间久了，也就死心了，也就不爱了。到那时候，这种患得患失的感觉就变成了你的不安全感，当你再想要用那一张纸去维系好这种安全感的时候，她告诉你，不好意思，我已经不爱你了。

所以，感情这种东西，最怕的就是拖着。从来就没有所谓十全十美的婚期，感情和生活一样，无非是两个人一起努力，把两个人的生活过成能力所及的最佳状态。这样，才是一段感情最好的归宿。

人生路很长，
赌气的路长得没有尽头

+++

1.

小姨说，在她年轻的时候曾经爱过一个男孩。那个男孩高大帅气，活泼爽朗，是镇里任何女孩子见了都会倾心的人。可是他只爱她，为她编曲唱歌，为她摘花编冠。那时候两个年轻人郎才女貌，让整个镇子里的年轻人羡慕不已。

可是当时三外公坚决反对小姨跟那个男孩子在一起，还说如果他们结婚，他就跟小姨断绝父女关系。

小姨那时候年轻气盛，满心想着要跟心爱的人在一起，哪里顾得了那么多。她顶着家里的巨大压力，毅然和那男人结伴私奔到上海。

没有了家人的帮衬，两个年轻人在上海处处碰壁，朝不保夕。最关键是那男人虽然长相出众，性格却油滑，是一个好吃懒做的主儿。在上海那个灯红酒绿的城市里，全靠小姨打工来补贴家用，而他终日在街上晃荡，和一些外来务工的女子勾三搭四，甚至当着小姨的面将女人带回了家中。

一年之后，小姨终于忍受不了这种不安定的生活所带来的压抑和痛苦，灰头土脸地回到了家。

三外公不顾镇子里人的闲言碎语，看到最心爱的女儿回来，滴酒不沾的他那天足足喝了半斤米酒。

醉酒时，他说，囡囡，当初爸爸不让你跟他走，其实就是看到那孩子虚头巴脑，根本不可能真心待你，那时候你年轻不懂事，总以为爱情可以御千斤之力。不过现在想来，你这么一走，也未尝不好，算是看清了一个人的真面目，也为之后的感情路学到了一些东西。爱一个人啊，从来都不是虚与委蛇，而是脚踏实地的。

不久之后，小姨因受不了镇子里人的闲言碎语，南下深圳打工，很快遇见了现在的姨夫。

姨夫其貌不扬，待人接物落落大方，无论何时脸上总是笑呵呵的，对小姨更是从来都是百依百顺。

那时候姨夫在深圳承包工程，工作压力十分大，但是不管外面的环境如何糟糕，或者遇到了怎样不可理喻的甲方，只要回到家中，他在外头的那些脾气就通通消失不见了。

直到现在，他们已经结婚近十五年了，姨夫也从之前的包工头变成了建筑企业的老板，但是这十几年来他从未主动跟小姨红过一次脸，也从来都没有大声呵斥小姨。即使到现在，当着一众亲人的面，只要小姨一瞪眼，他立马就㞞了。

我曾经开他玩笑说，姨夫，你现在都是大老板了，为什么还这么怕小姨呀？

姨夫还是笑吟吟的样子，说，我哪是怕你小姨呀，我是觉得，像我这样一个长相平平的人，有幸在当年得到你小姨这样的大美女垂青，是种福气。既然是福气，咱就得好好珍惜不是？何况你小姨是真的旺夫，没结婚之前，我怎么搞都是瞎混，自从娶了她之后，事业简直有如神助，扶摇直上啊，哈哈哈。

我说，姨夫你瞎说，肯定是你结婚之后比以前更努力更上进才对吧，我才不相信什么旺夫，什么运气呢！

姨夫听后，又是一阵爽朗的笑。

2.

很多时候，在小姨看向姨夫的眼神之中，我看到了很多东西。那种专注的眼神，里面包含了欣赏，包含了深情，也包含了理解和宽容，还满满的都是宠溺的感觉。

小时候不懂事，我经常会想，像小姨这样漂亮的女人，怎么会甘心嫁给姨夫这种其貌不扬的男人？

直到自己经历了一些事情之后才明白，其实有时候爱情，并不是真的要去衡量外貌，去衡量家世，去衡量金钱的。而是两个人，都深刻地明白自己心中想要的是什么，想要和一个怎样的人去共度余生。女人不再傲娇花哨作天作地，而男人一心想着家庭、事业、责任，还有家中的娇妻。这样，就是一份完美无瑕的感情了。

很久之前，我以为爱一个人就是一腔孤勇奋不顾身赴汤蹈火。我以为，哪怕自己都不顾了，只要一心一意地去寻找爱，终会遇到一个思君如满月、夜夜减清辉的人。可是这么多年在感情中摸爬滚打过来，才发现原来所谓的爱情并不是一个简单俗套的公式就能一言以蔽之的。

年轻稚嫩时不懂情真正为何物，以为轰轰烈烈、以命相许就是爱情。

可是真正的感情，是融合在岁月里的点点滴滴，是契合在生命中的零零碎碎。

很多姑娘说，我一定要找一个玉树临风的英俊男人，他一定要爱我宠我包容我，一定要上进，要事业有成。

可是我想说，姑娘，生活不是电视剧，也不是童话故事。生活永远是赤裸的现实的，是怎样的人就会遇到怎样阶层的人。灰姑娘进入皇宫，很可能只是一个侍女，而她还必须貌美如花、知书达理，而王子娶的永远只可能是公主。

很多男生也一样，明明有了女朋友有了老婆，脑中还念念不忘他多年以前的前女友们。其实一个女人选择嫁给了你，就意味着她背负了很多你所不能理解的沉重和烦琐，她一定是很爱很爱你，才愿意跟你走进婚姻的殿堂。

一个男生有本事，成熟稳重，绝不是因为他交往了多少姑娘，得到了多少异性的青睐。而是因为他上进，他踏实，他甘愿为身边的女人负责，甘愿为她撑起一片天。

而最好的爱情则是，你刚好成熟甘愿陪我颠沛流离，我刚好沉稳足够护你周全不受半点伤害。

愿你嫁给的，
不仅仅是爱，
还有对彼此久处不变的喜欢

+++

1.

有朋友跟我说起过往的感情，时至今日，对他依旧念念不忘。

她说，我们之间如今的状态是爱情未满友情之上。

我笑她，说得那么好听，无非不就是暧昧呗。

她说，那你真错了，虽然感情的事情很难界定，但是我们彼此笃定：这条线，咱们永远都踏不出去。

朋友和前任在大学时相遇，两人彼此一见钟情，天雷勾动地火，迅速就走到了一起。

大学期间的感情何其纯情，两个人又都是初恋，在一起的时候刚好又都是春情萌动的年纪，彼此觉得，在这样的关系中两个人相处得都十分愉悦。

四年之后，他们毕业，彼此都觉得水到渠成，于是头脑一热，花了九块钱，就去扯了证。

其实他们都知道，这么多年的感情，两个人之间，仿佛已经逐渐开始步入到一种血脉般的亲情当中。当然，这也很可能只是因为习惯。

习惯有你在我身边，所以看不到你的时候，我会失落；习惯跟你一起睡觉一起起床，所以哪天你出差了，我就觉得房间里空落了不少；习惯总是两个人，一旦落了单，就慌乱得不行。

可是好景不长，结婚三年之后，两个人之间就开始发生了微妙的转变。一开始争吵不断，歇斯底里。你不认同我的世界观，我不赞同你的价值观。你反对我的处事原则，我鄙夷你的行事作风。

到最后，两个人都懒得吵了。彼此蜷缩在自己的世界里，你看电视，我看书；你喝咖啡，我听音乐；你去散步，我去遛狗；你去健身，我去钓鱼……

彼此身上发生的事情谁都不愿意跟对方说起，遇到的困难再也不愿意跟彼此倾诉，就连藏着的心事也宁愿在肚子里烂掉也不愿意跟对方吐露半分。

是不爱了吗？

不是。只是不再喜欢彼此了。

因为看到她感冒发烧，他还是会很着急；看到下雨天，她也会在想，他有没有拿伞会不会被淋到；他加班到深夜，她也会熬上一碗养生汤等着他回来喝；她在外面迷路，他也会说你站着别动，我马上来接你。

她说，我们俩其实都明白，彼此心里一直都还深爱着对方，生怕对方出现一点差错。但是因为日子的琐碎平凡，因为时光的冗长平淡，我们看到了彼此之间性格上还有三观上的巨大差异。我们在生活中再也为彼此制造不出一点儿的涟漪。

因为无趣，所以不再喜欢了。因为不再喜欢了，所以变得更加的无趣。这样的生活，其实对于每一个追求生活质量的人来说，都是一种几近折磨的方式。所以，我们最后不得不选择离开。但是时至今日，在我的下意识里，一直都把这个人当成是自己最亲的家人一样，难以割舍，但是又不得不各自逃离。

2.

看过一部日本电视剧叫《四重奏》，开篇的时候，台词这样说：所谓的婚姻，就是可以分开的家人。

记得有人跟我说起过，明明很舍不得离开，但是在一起又觉得索然无味，煎熬难耐，所以只得狠下心来，掉头走向远方。其实她深知，自己内心是爱着这个人的，可是却又因为步调不一、价值观截然不同，而最终选择分道扬镳。

其实我看到过现实生活中的很多夫妻，明明可以为彼此舍弃掉生命，却又因为生活的琐碎、平凡的煎熬，还有日复一日的索然无味，而丧失掉一起坚定走下去的决心。离开时，两个人泪水涟涟，万般不舍。可是不离开又各自消磨，彼此相对无言，孤独难耐。

说白了，并不是不爱了，而是彼此不再喜欢了。明明依旧可以为对方赴汤蹈火，明明依旧可以心中无限牵念，但是却再也给不了对方一个和煦的微笑，再也给不了彼此一份甜蜜的告白。毕竟婚姻终究不仅仅是爱情，还有合适。

无论相见时多么雷霆万钧，多么热烈激昂，生活终究是要归于平淡，在接下来的平凡岁月里，两个人能够相互扶持，相互宽容，相互理解，相互继续喜欢着，这样的婚姻，才是长久之计。

没有经历过，你就永远都不知道，在一段感情中，喜欢有多么重要。喜欢是带点雀跃的，喜欢是带点感性的，喜欢是带点心动的，喜欢也是浪漫的。而爱不同，爱是责任，爱是负担，爱是理性，爱是契约，爱也是一种精神承诺。就比如，我爱你，是愿意为你承担所有，为你倾尽所有；而喜欢你，是喜欢你身上所有发光发亮的有趣的东西，是喜欢你周身所散发的一种气场。

喜欢是有趣的，爱是沉重的。

3.

我们永远都无法想象，当一段感情丢失了喜欢之后，会有多么的可悲。

再也没有心动的感觉，再也没有那种如同小鹿乱撞一般的怦怦心跳，再也不会对另一方有什么期待，再也不会对未来有什么愿望。就好像掉进了一个平静的湖面，然后使劲地往下沉，往下沉，一直都到不了湖底。挣扎不了，动弹不了。就这样，一直等到心死。

之前在知乎上看到一个姑娘这么描述她已经丢失掉喜欢的感

情：我再也不愿意花心思去做一顿饭了，再也不愿意像以前一样用尽心思把水果切得很碎做一盘他爱吃的水果沙拉了，再也不奢求他和我一同去看一场电影了，再也不幻想未来是什么样子的了。但是如果他这时候需要一个肾，我一定二话不说，一刀把肾割下来给他都行。

因为我还爱着你，所以我什么都愿意为你做；但是我知道我们彼此之间不存在喜欢了，所以也不存在快乐和幸福，所以我又什么都不期待着跟你一起去做了。

对于一段完美的爱情来说，是不可能仅仅只存在着爱的，还应该存在着对彼此的喜欢。因为喜欢，所以才会产生欢乐和愉悦的情绪，才会在这样的感情中活得精彩纷呈。

当然，也正如所有人说的一样，单单的喜欢，也不是一段稳定的感情，它还应该包含着爱，爱意味着责任，意味着付出。

一段感情，一段婚姻，只有包含了喜欢和爱，才会灿烂而弥长，才会欢欣而稳固。

愿你嫁给的，不仅仅是爱，还有对彼此久处不变的喜欢。

成熟就是容得下
生命的不完美，
也经得起世事的颠簸

+++

1.

一个朋友结婚至今，一直争吵不断，甚至有好几次差点离婚。

我曾经问她，你们才结婚两年，到底发生了什么事情，要闹到离婚的境地？

朋友说，其实倒也没有发生什么？他既不是“妈宝男”，也不是出轨有外遇。但是就是不知道为什么，两个人相处起来，越来越艰难，越来越看对方不顺眼，一件小事也能引起惊天大战，冷战个四五天。

一次聚会，大家聚在一起。原本是很开心的场景，大家聊天的时候，无意中聊起工作。朋友的老公说起自己上升瓶颈的时候，不料朋友冷不防地插了一句："你就是太窝囊，自己不上进，有机会也不去争取。"

大家一时语塞，我看到刚刚还兴高采烈的男人，那一刻脸色瞬间就阴沉了下来。估计是碍于众人在场，不好发作，只好忍了回去。

吃饭的过程中，朋友因为刚刚生产不到半年，身材有些走样。平时这姑娘也是个爱吃的主儿，每次我们几个朋友聚会，她总是最后一个吃完。

大家吃完聊天的时候，朋友还在喝汤，旁边的她老公可能是觉得有点尴尬，突然就压低声音说，你都胖成这样了，饮食方面就不能稍微注意一点儿吗？

朋友一听，瞬间就炸了，"啪"地站起来说："我怎么胖了？我胖还不是因为给你生了个孩子？我还不嫌弃你山沟沟里出身呢，你就嫌我胖了是吧？"

好好的一场聚会，就在他们俩的这场闹剧中不欢而散。

事后，我跟朋友说，两个人在一起，最重要的就是相互包容，当然包容引申而来的就是要善于发现对方的优点，并且适时地加以鼓励和赞美；而不是一直抓着对方的缺点不放，并把它无限扩大，否则你们感情就会变成现在这样难堪。所以，我觉得你应该找个机会好好跟你老公谈谈，并且要开始注意自己的说话方式，还有两个人的相处方式。多鼓励他，多赞美他，你会发现他的长处，他也会逐渐发现你身上的优点，并且更加珍爱你。

2.

前段时间我参加了一次业内的颁奖典礼，会场上人山人海，灯光闪耀。每一个人看起来都像是出类拔萃的精英，每一个人看起来都熠熠发光。

站在这样的场合，除了那些经常出现在舞台中央或者气场足够强大的人之外，其他人难免有些心慌。

我的身边坐着一对年轻夫妻，看起来三十岁上下的模样。男人俊朗挺拔，女人虽然算不上绝世美女，但是依旧气质如兰。可是，女人脸上，却有大颗大颗的汗水掉落。我注意到，她紧紧抓着旁边男人的胳膊，气场很明显有些被打乱。

男人看着她，拍拍她的手说，没事的，你今天是主角，是这里面最棒的人之一，放轻松。

女人说，可是我还是有些紧张。

男人宠溺地摸摸她的头说，你可是我的最爱啊，想当年为了追求那么优秀的你，我可是耗费了九牛二虎之力呢！你平时那么优秀，今天也不例外！更何况，你在我心中一直都是最漂亮最出色的姑娘。

女人上台之后，话音确实有些微的发抖。我身边的男人，一直坐在旁边，双眼专注地看着台上的女人，双手轻轻做着鼓掌之状，女人眼睛一看过来，他就竖起大拇指，然后冲她做鬼脸。

我看到台上的女人也跟着微微一笑。语速逐渐流畅，声音也变得逐渐洪亮起来。在之后的二十分钟里，她的演讲赢得了一阵又一阵热烈的掌声。而她站在台上，在镁光灯的照射下，像是踩着熠熠星光的仙子。

演讲完毕后，她鞠了一躬，起身的时候顺手向男人抛来一个飞吻，瞬间把全场气氛燃到最高点。

很多人都不知道发生了什么，可是坐在旁边的我，把这一切都看在眼里。男人在台下有些担心，但是又努力装出一副轻松的样子；在台下做各种小动作鼓励站在台上女人的样子；事后笑得一脸幸福的样子。

这大概是我见过最平凡但是又最能触动人心的爱情了吧。

3.

往往结婚之后，因为日常琐碎，因为柴米油盐，我们通常就忽略了彼此的感官感受，总是用最直接的方式去和对方沟通。我们因为习惯，所以就懒得去发现对方的优点，但是只要抓到一个缺点就把它无限放大，并且想要以自己的意志去改变它。

每个人都在进化之中，变化之中。无须看穿看透，我们有限的时间用于感受爱的美好一面尚未够用，哪里还能估计探寻人性的多变呢！

其实，在真正成熟的人的眼中，看到的从来都是对方缩小了的缺点和放大了的优点。他们很乐意赞美对方，鼓励对方，并努力把对方向自己希望的模样引导。这不仅是改变，更是一种成长。

而真正最好的爱情，妥帖的婚姻，是两个人努力去看到对方的好，看到对方为自己的付出，并懂得感恩，懂得珍惜，常常夸赞对方，让对方沉溺在一种幸福的氛围之中。这样，你会发现，你们的感情不仅不会沦为平淡，反而越来越浓，越来越甜蜜。

所以，在婚姻中真正最美好的情话，不是说一句简单的“我爱你”，而是说那句“你是最好的”！

不要在你最好的年纪，活得太委屈

+++

1.

有个男生给我留言，说：“我跟我女朋友分手了，因为超过一百块钱的礼物她从来都不肯收。”

我原本有点好奇，找这么个帮你省钱会过日子的姑娘，你不好好疼，反而还跟她分手了。这样的男生，不是有病就是蠢吧！

可是知道真相之后，虽然我不认同男生的做法，但是却又有点儿理解他的想法了。

男生和女朋友去年通过一次相亲认识，聊了几次之后，两个人觉得彼此还算合适就在一起了。

第一次约会的时候，男生觉得，总该有点礼貌吧，于是去买了一条三千元左右的项链给她，当作惊喜。谁知道女生不但没有自己想象中的那样高兴，反而还责怪他乱花钱，说什么钱要留着将来过日子用的，她对这些东西不感兴趣。然后当着男生的面，硬生生去店里把那条项链给退了。

虽然男生有些不解，但是看到女生的举动，还是很感动。毕竟，在这个物欲横流、虚荣物质的社会，像她那样真心为自己考虑的人真的是少之又少。

可是，随着交往的时日越长，女生节俭到近似于苛刻的习惯日渐呈现出来。

她从来舍不得给自己去店里买一件超过二百元的衣服，无论春夏秋冬，身上穿的，永远都是从网上淘来的促销商品。

她从来舍不得给自己买一件像样的化妆品，哪怕一只唇膏，一片面膜，更别说什么口红啊、BB 霜之类的了。

她也从来舍不得给自己买一点儿饰品，哪怕是十块钱的耳钉、高仿的太阳镜，更别说什么金银首饰或者名牌包包了。

她永远素面朝天，看起来也永远落魄邋遢，一个二十来岁的姑娘，硬生生被她自己拾掇成一个三四十岁妇女的模样。

她没有社交圈，没有聚会，没有朋友，没有闺密，永远只有家和公司两点一线。

男生说，以前我总觉得，有一个知道节俭、不作、不爱慕虚荣的女朋友会有多幸福。可是当我真的遇到的时候，我却发现，自己的生活好像已经完全没有了色彩，永远是一片黑白。

他说，有时候看到她颓废邋遢的模样，我甚至连上床的欲望都没有。这一切简直太可怕了！

2.

是啊，太可怕了！物质的女孩要遭到诟病，节俭的姑娘也会遭人嫌弃。

可是这个社会就是这样啊，你又不是今天才知道。那既然这样，物质会被骂，节俭也要遭嫌弃，你为什么不干脆对自己舍得一点儿，把自己打扮得漂漂亮亮的，让自己光鲜靓丽地出现在众人面前呢？

至少这样，自己会过得很开心。

记得一个男性朋友跟我说，我从来都不相信什么一见钟情，在我眼中的一见钟情，无非是垂涎对方的美色而已。

话说得有点低俗，但却是实实在在的大实话。

你心灵再美，但是如果你歪鼻子咧嘴巴，如果你蓬头垢面，如果你老气横秋，还会有人会透过你丑陋的外表去探寻你美丽的内心吗？还会有人对你所谓的一见钟情吗？

别骗自己了，姑娘。你要想让别人了解你的内心，至少也得让人有想靠近的外表啊！

你精致的妆容，魔鬼的身材，得体的衣着，都是你的铠甲与武器，能够帮你抵挡生活的种种荒凉。

有人说过，这个世上没有丑姑娘，只有懒姑娘。

以前我不信，自从见到一个曾经在班里被各种男生奚落挖苦的姑娘，在毕业之后，通过化妆，通过改善自己的衣着品位变成美女，追求者无数。我的世界观瞬间坍塌了，原来灰姑娘是真的会变成白雪公主的。

化妆是这个世界上最好的整容术，而良好的穿搭是这个世界上提升美感最快捷的一种方法。

可是就连这些最简单、最快捷的方法，你都不愿意或者不想去学，还美其名曰是为了省钱过好将来的日子。自欺欺人到这个地步，我也是只服你一个！

未来是需要投资的，包括健康投资，包括容颜投资，也包括智慧投资。如果想要一个美好的未来，这三样缺一不可。否则你就是有再好的身体，有再强的能力，但是早就成了一个脸色蜡黄、不修边幅的黄脸婆，脑补一下这个画面，你觉得你还会有更加优秀的追求者吗？

姑娘，男人们都喜欢漂亮的姑娘，让自己漂亮也是一种能力。所以，只有把自己打造成一个既富内涵又富美貌的姑娘，才会有一个更加优秀的男人来到你的身边，伴随着你走完生命的下一程。

3.

其实开头故事里说的那个姑娘，是中国自古以来贤妻良母的典范。不能断言她遇不到一个真心爱人，也不能断言她下半生的感情就会不幸福。但是，总有一些人会嫌弃这类姑娘的容貌，总有一些人会嫌弃这类姑娘没有情调，不懂生活。

或许有人说，只要是嫌弃你的，那一定就是不爱你的，你总会等到一个爱你懂你珍惜你的人。但是，作为一个本身性格就很好的姑娘，让自己变得更好，选择更多，或者直白地说，能更加完美地匹配得上一个更加优秀的男人，不是更好吗？

为什么就一定要因为所谓准备未来的物质生活，就把现在的自己活成一副七老八十的模样？

明明可以选择过得更精致，明明可以选择活得更惊艳，为什么要把自己委身在一个灰头土脸的小妇人形象之中？

难道变得更好一些不好吗？难道有一副漂亮的皮囊不会让自己更开心吗？难道就一定要把自己置身于两性情感中被挑选而不是主动挑选的那一方吗？

作为一个姑娘，你可以节俭，可以为自己的未来早早考虑。但是千万不要对自己抠，不要在自身的投资上舍不得。因为没有野心，永远活不成传奇。

有些东西，对于姑娘来说，是必要的。比如把自己打扮得更精致，比如偶尔有个浪漫温馨的约会，比如培养一个高雅不浮夸的爱好，比如花些时间和精力去拓展自己的朋友圈。

因为这些，都很可能会把你变成另外一副更精彩的样子，也很可能会让你遇到一个更加意想不到的未来。

一百块真的很便宜，但是亲爱的，我真心地希望你，一定要活得大方一点。这样，才能匹配更可贵的人生。

唯有美不可妥协，
唯有自己不可辜负

+++

1.

前不久，我认识了一个姑娘沐沐。这个看起来嫩出水的姑娘，其实已经是两个孩子的妈妈，更是一家拿到千万融资的创业公司的美女 CEO。

沐沐长相甜美，气质出众。虽然如今已经化身为霸道美女总裁，但是从她的身上，依旧可以看到青春洋溢的气场。

她说，其实每一个姑娘，都应该在自己最好的年纪，不将就，不妥协，努力积极地生活，无论面对什么样的困难，都应该骄傲地活出个性。

其实，沐沐的生活一开始和很多都市白领一样。有一个疼爱自己的老公，有一份高薪的工作。这里不得不说的是，毕业后才短短半年的时间，沐沐就凭借着自己的努力在上海陆家嘴一家大型上市跨国公司做到了部门主管。

可是令她没想到的是，在她事业正处于上升期的时候，她却怀孕了。为了这个甜蜜的意外，沐沐不得不辞去原本待遇优渥的职务，回家成了一名专职待产的准妈妈。

在这个最需要用钱的时段，仅靠爱人一个人的薪水，这个家明显有些捉襟见肘。刚出月子的沐沐，就像一个蓄足马力的小超人，开始打拼起自己的事业。

她说，其实一开始她并不那么奢求成功，也并不是那么渴望金钱。在她的认知里，有一个知心爱人，有一个温馨的家庭，有一个可爱的孩子，还有一份足以养活自己的工作，就是自己最喜欢的生活。

可是怀孕的那段时间，因为接触了很多人，看到太多的婚姻悲剧。她开始明白，容貌、身材还有事业对女人的重要性。

于是，出月子之后她就开始健身，开始努力恢复身材，开始注意保养，开始利用自己的专业开创自己的事业。

虽然过程十分艰难，虽然曾经有无数次想要放弃的念头，虽然曾经也因为失败站在客户办公大楼下面哭得歇斯底里，但是因为足够努力，短短两年的时间，她的公司终于走上了正轨，而自己也因为在这段时间注意保养，即使生完第二胎，身材看起来也没有任何走样。

最关键的是，因为和老公在一起打拼的过程中养成了极度良好的默契，两个人价值观相差不多，看待事情的意见也往往不谋而合，甚至在很多时候，利用女性特有的感性思维，她的观点往往比老公的主意更受客户的青睐。她的老公甚至愿意退居二线，成为她的贤内助。

如今的沐沐，无论出现在什么样的场合，都笑容得体，衣着考究，妆容精致，更难得的是依旧青春明媚，完全看不出来已经是两个孩子的妈妈。

是的，一个人的身材会直接反映这个人目前的生活水准，越是段位高的人，对身材的控制越严格，这是自律的表现，你的身材无时无刻不在出卖你。

沐沐还说，一个女人，她的使命不应该仅仅局限于生孩子、洗衣做饭上，也不应该仅仅局限于负责貌美如花。

我们每个人生而平等，都有权利去追逐自己的梦想，去打拼自己的事业，去过自己想要的生活。

2.

有很多女性问过我，是不是一结婚，就代表着女性的独立自由生活的结束？从此之后，全部的身心都将围绕着老公、孩子、家庭，以及日常琐碎的柴米油盐酱醋茶。若干年后，如同千千万万普通的家庭主妇一样，为了几毛钱在菜市场跟小商贩斤斤计较，为了孩子的日常起居奔波操劳，为了撕小三歇斯底里，为了处理好婆媳关系绞尽脑汁。因为她们看到过太多的例子，所以对婚姻抱着一种莫名的恐惧。还未踏进，就仿佛面临洪水猛兽。

我也认识了很多已经结婚的姑娘。她们说，也许所有的婚姻都会从一开始的轰轰烈烈逐渐变得平淡，到最后变成了冷漠。

有人说，才结婚三年，她就跟老公吵过无数次的架，她老公嫌她脱离了社会的节奏，跟不上时代的步伐，更是和他产生了三观上的巨大差异，所以现在已经到了濒临离婚的边缘。

也有人说，他和老公结婚五年，就发现他出轨的次数不下七次。她质问他，他反过来说，跟你在一起，我心里已经没有半点波澜。你整日在家，外面发生了什么事情你永远都不知道，有时候我想跟你说说心里话，却发现无言以对。我不去找别人释放压力，难道真的要闷在家里直到抑郁症病发吗？

还有人说，她跟先生结婚十年，到现在两个人已开始分房睡了。因为这十年里，她整日菜市场、孩子学校、厨房三点一线，早就把自己熬成了黄脸婆。其实在几年之前，他们就没有了夫妻生活。

在这些女性看来，夫妻之间的不协调，诸多的过错都是她们先生的问题。他们没担当，缺乏责任，更是完全忽视作为妻子整日在家的操劳，说白了，就是典型的渣男。

但是，恕我直言，作为妻子，她们就真的没有半点责任吗？

从来都没有一个人，能够沉浸在一段一成不变的生活里自得其乐。你不去改变，只是因为有了孩子，有了家庭，就以此为借口，甘愿沉沦，成为了在很久之前你很不屑成为的黄脸婆。

他回家面对的永远是一模一样的场景，永远是你喋喋不休的唠叨，永远是一个面色暗黄、满腹牢骚的女人。试问，换成是你，也早就想着逃离了吧？

亲爱的，家庭、孩子以及日常的琐碎，从来都不应该是你甘愿沉沦的挡箭牌。一个真正有质感的姑娘，是在何时何地都能活得精致有内涵的。

3.

其实并不是生活太艰难，也并不是一旦踏入婚姻就意味着女人进入到生活的坟墓，而是太多的女人一旦踏入了婚姻，一旦有了小孩，就把自己定格在了一个特定的贤妻良母的条框之中。从此之后，以家庭和小孩为借口，一边倾诉自己的不易，一边埋怨生活的不公。

生活从来都是自己选择的，并没有人能够强迫你做什么。如果真的感到强迫，那也只能证明你在这段感情中活得并不勇敢，并不直率。

既然不愿意，为何不抗争？既然抗争不了，为何不离婚？难道又是因为小孩？

小孩并不是你用来掩饰自己懦弱的理由，只是你用来裹挟自己梦想的借口。更何况，结婚生小孩并没有什么，它只能代表一种生活的结束，但是同时也意味着新生活的开始。

只要你真的不甘于平庸，不甘于沦为喋喋不休的黄脸婆，并且有为之改变的决心，结婚之后，如同沐沐一样，你也同样会拥有自己事业的天空，同样会拥有成为一个更出色更精致的女人的权利。

醒醒吧，抱怨和喋喋不休只能加快你变老的进程，只能是你用来博取同情的砝码。于生活，于现状，毫无用处。

不如闭上嘴，抬起头，迈开腿，活出自我，走出一段属于自己的灿烂人生。

从来就没有所谓的
离不开和走不掉

+++

1.

某天晚上，我一个人在家写作。突然听到门外传来一阵伤心欲绝的哭泣声，还有一个年轻女孩儿带着哭腔的绝望哭喊："求求你，开开门，我拜托你了，你就开门看我一眼，求求你。"

隔壁住的是一个帅气的男生，平常甚少交集，只有一次他过来借手机充电器匆匆见过一面。虽然印象不深，但是男生长得轮廓分明，身材高挑，看起来让人觉得赏心悦目。

我想，这么好看的男孩子，一定追求者不少吧。

在之后的日子里，男生要么不回家，要么回家很晚，很多时候在凌晨两三点钟的时候，我会被他开门的声音惊醒。我不知道他做的什么工作，但是根据他回家的时间推测，应该是夜场工作者无疑。

有时候，出门的时候会偶尔碰见，见他总是低着头，看不见脸，身边站着不同的女生，环肥燕瘦，各不相同。

女生一边哭泣，一边敲打着门，嘴里伤心欲绝的哀求让我这个路人听起来都觉得难过。

一定是一个深爱他的人吧？不然怎么会哭得如此的伤心，如此的动情？

可是我知道，任凭她怎么敲打，男生的房门都是不可能打开的，因为从我住进这里以来，晚上十二点钟之前男生回家的次数不超过五次。

大概过了半个小时的样子，女生的声音逐渐小了，但是断断续续的抽泣声依旧从门外传来。

那时候，我真的很想打开门把自己见到的一切都告诉她，可是转念一想，她已经这么难过了，我再火上浇油，无疑是在她的心上插上最深的一刀。

我于心不忍。

临近午夜十二点的时候，何先生加班回来。路过走廊的时候，看见女生蹲在公共洗手间里，一个人流着眼泪不停地拨着电话，但是好像几乎每一次都没有打通。何先生说，女孩那伤心欲绝的表情，看起来真的让人觉得心酸。

看见何先生路过，姑娘像是抓住了救命稻草一般，从洗手间里跟了出来，一直追到我们家门口。那时候，我才看清了女生的面容。

那是一张青葱还未脱掉稚气的脸颊，看起来十八九岁的样子，脸上的妆容已经哭花，但是依旧可以看出俏生生的模样。那时候我想，五官长得这么精致这么乖巧的姑娘，笑起来的时候一定十分好看。

但是，这时候她的脸上除了哭红的眼睛和鼻子之外，就是一张难过到极致、失望到极致的表情。她的那个表情，到现在想起来，都让我觉得难过和心疼。

她站在何先生身后，有点羞涩和不好意思地问："请问，你见过这个人吗，他是住你隔壁吗？"

说着她拿出手机，上面是一张男生看起来很久之前拍的照片。虽然我记不清男生的面容，但是依稀记得一些轮廓，看起来还是有些眼熟。

何先生说，我也不记得是不是他了，但是这边确实住着一个大男生，高高瘦瘦的，很帅气。

姑娘接下来又问了很多问题，大多数都是求证旁边的男生是不是她手机里面的那个人。

但是让我最惊讶的是，她居然会问，这个男生是不是姓陈，是不是学生？她甚至连他叫什么、做什么和是不是住这里都不那么确定。

他姓不姓陈我们都不得而知，但是他肯定不会是学生，这点我跟何先生观点一致。

最后，姑娘知道从我们口中也打探不出男生的任何信息，才死心地说，谢谢你啊，真是不好意思，打扰了。

何先生估计知道发生了什么事情，在进门的时候，说了句，姑娘，你还是别等他了，他晚上很多时候不回来，即使回来也要到两三点了，你还是去外面找个酒店先住下吧。

姑娘感激地看了他一眼，道了声“谢谢”。

可是当我们洗漱完毕准备睡觉已经将近凌晨一点的时候，那姑娘依旧站在门外，久久不肯离去。

大概凌晨两点的时候，姑娘的哭声再次响起，她站在门边，还是不停地敲着隔壁男生的房门，说，我求求你了，你开一下门好吗？外面真的很黑，我很害怕，我也找不到酒店。求求你开开门。

后来我实在太困，就睡了下去。我不知道那天晚上姑娘到底是什么时候走的，我也不知道那天他们到底有没有见面。但是通过言谈，我很明显地感觉到，这姑娘一定是被骗了。

她甚至在不知道对方姓名，不知道对方职业，不确定对方住址的情况下，就这么冒冒失失地把自己所有的感情倾注在一个男人身上。

我不知道他们的感情在之前到底有多浓烈，或许一个只是为了一夜贪欢，而另一个则傻傻地以为情定终生。

我想，她是爱他的，爱得撕心裂肺，爱得卑微，爱得如履薄冰。不然就不会有那么难过的情绪，不然就不会站在他的门外直到凌晨，只为了看他一眼。

这般深情，可能注定是错付的吧。

因为我见到过不少的女生来过这间房，她们性感，妖娆，世故，老练。唯独只有她，稚嫩，青葱，连双眼看过来的神情都是清澈而纯真的。

到底是多渣的男人，才舍得如此这般伤害一个无辜的女生。

而你那么死心塌地地爱着他，到底付出了多大的勇气和决心？你这样倾尽所有的情感付出，到底值不值得？

2.

云纱曾经爱过一个男人，也如那个姑娘一般，倾尽所有，奋不顾身。

爱上他时，云纱刚毕业，正是如花似玉的年纪。当他第一次走进她的视野时，云纱就忘乎所以地掉了进去。那男人家境殷实，儒雅稳重，体贴温柔，对云纱一掷千金，宠爱有加。

一开始时，云纱自以为是上天眷顾，赐了一段好姻缘，她跟了他一年零三个月，但每每提起结婚，男人都找借口推诿。越到后面，男人出现的次数越少，云纱找他，他总是以工作忙碌推托。

直到有一天，云纱刚打开门，就被一个满身名牌的女人堵在门口，响亮地打了一记耳光。那时候，云纱才知道，自己以为的爱情，原来只不过是成为了破坏人家感情的小三。

那一记耳光，彻底把心存幻想的云纱打醒。

她说，她爱他，铭心刻骨的那种爱。在知道真相的时候，她甚至也幻想着要彻底地进入他的生活。但是直到后面跟他见面的时候，男人闪烁的眼神和躲避的语气，让云纱彻底明白，自己终究只不过是一只有钱人豢养的金丝雀而已，当他腻了，总归还是要回到自己的生活中去的。

见完他之后，云纱搬出了原来的公寓，远离了这个城市，删除了一切与他有关的东西。

云纱说，虽然时至今日，我依旧还会忍不住地想他，会忍不住挂念他。但是其实我自己很明白，有些爱情到底是伤了自己，害了别人。潇洒地离开，并不是为了证明我真的就有多洒脱，有多无所谓。我只是为了告诉自己，当一段感情，你要去计较得失和值不值得的时候，就真的变得毫无意义了。

就如同你们都劝我的那样，你那么爱他，到底值不值得？

是啊，就是因为不值得，所以才会选择离开。

正像有的人所说的，人活着有三重追求，第一重是趋利，第二重是趋名，第三重是趋静。

静，指的是内心的平静。我们经常会看到有些人无时无刻不在焦虑，这是为什么？因为内心空虚、缺乏自信，一直追求得不到的东西，精神得不到的滋养，让自己深陷苦海。

心仪的鞋子断码了，就去旁边店里买一件漂亮的大衣。常去的面馆停业了，就去别家吃一碗好吃的面。喜欢的人离开了，就好好工作赚更多的钱。

人总归要接受这世上总有突如其来的失去。洒了的牛奶，遗失的钱包，走散的爱人，断掉的友情，等等。当你做什么都于事无补的时候，唯一能做的，就是努力让自己过好一点儿。丢都丢了，就别再哭了。

我一直认为，从来都没有所谓的离不开和走不掉，所有的藕断丝连，其实都躲不过心底的幻想和侥幸。

或许他还爱着我呢？说不定他还会回头呢？也许我变得更好一点儿，他又会回到身边呢？

可是，当一个人不爱你的时候。是真的一点情面都不讲的，那种厌恶的表情和嫌恶的语气真的是发自内心的。

你说话的声音，你呼吸的心跳，你流泪的表情，你讨好的模样，这一切在他的眼中都是徒劳无功而且又多余的。

这一切，都不会因为你的哀求，你的低声下气，你的委曲求全，甚至你所谓的改变而有那么一丝一毫好转的。

你那么爱着一个不再爱你的人，真的值得吗？不值得啊，所以，请你大大方方痛痛快快地忘了他，别再伤害自己了，好吗？

变得优秀，
并不是为了证明什么

+++

1.

聚餐的时候，几个闺密凑在一起讨论，说自己到底是宁愿坐在自行车上笑呢，还是坐在宝马车里哭。

有姑娘说，自己一向是信奉爱情至上，相信只要彼此相爱，就一定能克服各种困难，最终即使坐在自行车上，也能酣畅淋漓地笑。

有姑娘说，自己根本就不相信所谓的爱情，也不相信真的会有人在物资极度匮乏的情况下还能把爱情当作所谓的精神食粮，所以她宁愿坐在宝马车里哭，也不愿坐在自行车上笑。更何况，在她看来，即使在自行车上的笑，也只不过是苦笑，或者是自欺欺人的笑罢了。

王沛坐在角落里，自顾自喝着酒，看着大家争得面红耳赤，突然说，这么多年了，大多数女人还是相信只有一条路可走，就是依靠男人。有人命好，遇上一个能力超群、家境富足、又对自己死心塌地的好老公；而更多的人，要么是嫁给了柴米油盐，要么是嫁给了鸡飞狗跳。

可是很少有姑娘会想到，为什么要坐在男人的自行车上笑或者宝马车里哭？因为不管是自行车或者是宝马车，那都是男人的，当他们抛弃女人的时候，你就只剩 11 路公交车了，这时候估计大部分姑娘就只剩下哭笑不得了。

为什么不自己买一辆自行车，或者更努力去买上属于自己的宝马车呢？这样，哭能歇斯底里地哭，笑也能酣畅淋漓地笑。

众人哑然。

2.

王沛确实有资格说这样的话，因为她是真的有一辆宝马 X5 啊。不靠父母，不靠男友，现在她身上几乎所有的东西，都是通过自己的努力一分一分赚回来的。

其实四年前的王沛一无所有，跟父母闹翻，千里迢迢从东北来到厦门，男友在车站接到她的时候，她除了一个行李箱，甚至连打车去往岛内的费用都不够。

男友家境不错，早早就在厦门买了一套近一百四十平方米的房子，王沛当时不愿意跟男友住在一块儿，向男友借了五千块租住在岛外的一间民房里。那个房子她到现在还记得，不足二十平方米，房里只有一张木床、一张木桌子、一把椅子，还有一个摇摇欲坠的小木衣柜。好在那间房有一个面向大海的窗户，一打开窗，就能看到海上碧波荡漾。

王沛是师范专业毕业的，来到厦门，除了做老师，她一无所长。可是当地的学校，没有关系，没有人脉，她是真的进不了的。

万般无奈之下，她只能进了一家培训机构教英语，担任最初级的讲师，工资一个月不到四千。好在课程并不繁重，每周三十节课。她还有大量的时间去看看这座美丽的城市。

半年之后，就在王沛自以为生活即将变得瑰丽美好的时候，男朋友突然跟她提出分手，原因是他父母不同意他们俩在一起。

当时的王沛一下就蒙了，她甚至连一点儿的心理防备都没有，就那么猝不及防地被自己自认为十分相爱的男友抛弃了。她像是坠入到一个冰窖中，还是一个暗无天日的冰窖。

当初自己不远万里，为了跟他在一起，甚至不惜与自己的父母闹翻。可最终得到的结果却是自己被他无情地抛弃。

王沛把自己锁在房间里三天三夜，难过的时候就站在床边看着窗外的大海，一站就是一夜。三天之后，她删掉了他所有的联系方式。她后来跟我说，其实自己这么做，就是怕自己脆弱的时候，又会忍不住去找他。

在此之后，她努力上好每一堂课，一有闲暇时间就在网上看别的老师上课的视频。而她的课程，在一年之后，成为了那个机构里最受欢迎的课，自己也成为了家长和学生最喜欢的老师。

不久之后，一个当地学校的老师找到她，问她愿不愿意和他自己合作，他们一起开一个英语机构。他负责生源，她负责课程和机构的一应事宜。王沛想都没想，当场答应。

在此之后，她一边上课，一边物色可以用作教室的房子，还要一边办理营业执照等事情，因为当时身上的积蓄本来不多，所以选址变得十分艰难。选好房子之后，就是装修，为了节省成本，她自己亲自上阵，变成了一个妥妥的粉刷匠。

她说，那段时间说起来三言两语讲完了，但真的做起来，十分艰难，也十分疲累。很多时候，自己半夜三更回到住处，倒在床上就睡。半夜梦醒，月光从窗口倾泻进来，会觉得十分孤独无援，伸手一摸枕边，一片湿凉。

三个月之后，他们的培训机构正式营业，因为自己的口碑还有那个老师的支持，第一期学生就招了四十八个。随后招生规模越来越大。从最开始的考研英语培训，直到现在有了小学班、中学班，还有雅思班、托福班，其他学科也陆续搭建起来。

当初那个不足一百平方米的地方，现如今已经扩大到了三百多平方米。而现在的王沛，早就从当初那个稚嫩的英语老师，摇身一变成为了一个妥妥的小老板，身价数百万计。

她曾经开玩笑说，天知道我就是从最开始的在出租车里哭，终于能够移驾到自己的宝马车里笑了。

3.

其实我有时候会想，当初的王沛如果没有被男友抛弃，如果跟他像其他的情侣一样，走进了婚姻的殿堂，现如今会是什么景象？

也许她老公会对她很好，那么她就像千千万万的普通妻子一样，坐在他的小车里笑；也许他老公会是个脾气不好，还爱拈花惹草的花花公子，那么她就会像千千万万个怨妇一样，坐在他的小车里哭。

可不管怎样，应该都不会有如今这个爽朗直率的王沛，也应该不会是这个物质富足、事业有成的王沛。她可能只是一个温顺的妻子，一个优秀的母亲。

人生之旅譬如登山，有的人在山脚止步不前，终生也只能仰望山顶。有的人几步一回头，得意于自己的小幸福，却不知山之高极，自己的志得意满也显露出浅薄出来。而有的人穷尽一生都在追赶别人，以超越别人为乐，享受把别人踩在脚下的优越感，却不知自己已是着了相。其实，只要你向前走，目光放远，就会发现前路漫漫，思之无极。道路上的那几个人又算什么呢，你不必急着向他们证明你存在的意义。

当一个人费尽心机地想展示自己时，往往是希望能引起别人的关注。不过，这种刷存在感的时候越多，内心也越煎熬。真正优秀的人不是活给别人看的，他们一如既往地努力，却从不需要靠“存在感”来证明自己。

就如同王沛所说，我当初那么努力让自己变得更加优秀，其实并不是为了证明什么，也并不是所谓的想要将来的他后悔。而是我自己明白，当你失去一切的时候，自己才是自己最强大的依靠。

作为一个姑娘，千万不要去思量将来的自己，是要坐在对方的自行车上笑，还是坐在对方的宝马车里哭。因为在我看来，这样的人生，不管怎么抉择，都是仰人鼻息，都是不完整的。

但是，只要是自己的车，不管是自行车还是宝马，才能真正肆意地想哭就放肆地哭，想笑就大声地笑。

愿我们每个人，都能忠于内心，始终记得要活出自己喜欢的模样。

后 记

记得小时候打针，妈妈总是会在一旁跟我说，蓉蓉要勇敢一点哦。

可是，几乎每次我都哭得伤心欲绝。

因为这个梗，我妈一直笑话我到现在。

她说，我就像一朵被她和爸爸捧在手心里的花，受不得半点外面的风吹雨打。

是的，妈妈说得没错，从小到大，一直到现在，我都是一个特别怕疼的女生。每次只要说起打针啊什么的，我都会十分害怕。记忆最深的一次是上大学有次发高烧，吃什么药都退不下去，万般无奈之下，室友把我送到了医务室。医生跟我说，要打退烧针，这样会好得快一点儿。

你一定想象不到，当针头插进去的时候，我一个成年大姑娘，眼泪啪嗒啪嗒地就往下掉。把室友吓坏了，看我哭得那个伤心劲儿，还以为我遇到什么事儿了。

是的，我就是这么懦弱的一个女生。怕冷、怕热，更怕疼，无论是心理上的还是生理上的。一切让我觉得苦痛的事情，我都害怕。

妈妈总是说，你呀，小姐身子，不知道将来是否是小姐命。

其实，无论是冷也好，热也好，或者是痛也好，疼也罢。我最怕的，还是辜负。

我怕自己的深情枉付，辜负青春一场；我怕自己的热情无馈，辜负热血一场。

我们生而在世，不如意之事十之八九，还有一二只能算勉强，而想过上完美的生活，往往机会渺茫。无论是称心如意的人，还是恰逢其时的感情，又或者是志得意满的理想。

上中学时，我喜欢过一个男生。

他是那种典型的工科男，温吞，木讷，含蓄，不花哨，不油腔滑调。

我们一起走过了最青涩的高三那年，那时候年少，我总是憧憬我们的未来，憧憬爱情在大学时候的样子，憧憬毕业之后的样子，憧憬我们结婚后有小孩的样子。

我一直以为，我们是那种能够执子之手与子偕老的人。然而，上大学的第一年，我们分手了，可以叫无疾而终。因为自始至终，我都不知道，我们因为什么而分手了。

我记得，那年长沙的冬天格外严寒，我去常德他的学校找他。下火车的时候，我发了一条短信说，我到常德火车站了，你来接我吧。

他只回了九个字，言简意赅：你回去吧，我们分手吧！

我一个人，站在寒风萧瑟的火车站，看着来来往往接送的行人，还有笑得一脸幸福的情侣，一个人站在出站口，哭得像个傻瓜。

大二那年，我认识了另外一个男孩子，阳光，开朗，幽默，很会说话逗笑。

一度他追了我很久，就在我逐渐放开心防想要答应他的时候，无意间，一个晚上，我在学校操场的草地上，看到他和一个女孩子手牵手走过。

说不失落是假的，说不难过也不那么真切。

自从这些事情发生之后，我一度不怎么相信感情，我甚至觉得，将来毕业了，找一个门当户对、品性温良的男生，我不需要多爱他，他也不需要多爱我，只要能够搭伙过日子就行。

因为这样，背叛或者离开，才不会让人那么难过。

可后面我还是遇见了现在的男朋友，我还是像当初那个无知小孩一样爱得义无反顾。我们会吵架，会生气，会意气用事地说分手。可是无论如何，我们好像都没有离开过彼此的视线，至今已三年。

像我这样懦弱的人，我一直以为，吃了一次亏，就会把自己蜷缩起来，像个刺猬一般。但是我没想到，当真的遇见一个令自己怦然心动的人的时候，居然能忘却所有曾经的疼痛和伤害，忘乎所以地想要和他一同走下去。

我想，这就是所谓的勇敢吧，至少在感情上算是。

记得何先生刚跟我说起写文章的时候，我除了有些文采，对其他一无所知。我甚至只是一个月薪三千的和很多刚进职场的小白领一样的普通姑娘。

写写画画，一开始其实并不功利，只图心里安稳，权当一个宣泄的渠道。可是后面文章被很多人看到，开始有人约稿，开始有人来谈合作，开始有人邀约品牌推广文案，等等。

那段时间，或许也一直延续到现在，我想，一定是我这一生中最劳累和艰苦的时候。

我和何先生并不富裕，家境也算不上殷实，所以每多花一点时间努力，就离我们设想好的未来更近了一步。

我不是一个吃苦耐劳的人，我一直这么觉得。可是自从写文章之后，熬夜到凌晨三四点，白天八九点上班就变成了家常便饭。

如果换在以前，我一定会觉得辛苦，也会觉得十分劳累。可是，连我自己都想象不到的是，我居然十分享受这样饱满的生活状态。而这种状态所带来的，是短短一年的时间里我们的月收入翻了好几番。我们现在有了自己的一套小房子，有了一辆还不错的车。而这些，我可以很自豪地说，全是这一年来我们俩辛辛苦苦赚来的，没靠过家里一分一毫。

离开温暖舒适区，走到一个异常艰苦的环境，我居然可以没有抱怨也没有怨怼，而是以一种更加激昂的状态去面对。

其实我的人生已走完的这段路程，一点都不励志，一点都不鸡血。但是每每回过头去看看以前的自己，然后再对照现在的自己。我甚至会有错觉，一切如梦似幻。

那个怯懦的、胆小的、怕疼的小姑娘，好像已经渐行渐远。而现在的这个自己，是一个即使低着头流泪，仰着头也能笑得一脸明媚的大姑娘了。

说真的，我为这个勇敢的姑娘自豪。

其实这本书，写的是我身边很多朋友的故事。

感谢他们的信任，也感谢他们对我的和盘托出。

当然，我最要感谢的，是那些来自五湖四海却一直关注着我的读者。

是你们，让我有了坚持下去的勇气。也是你们，让我知道，自己其实也不是那么差劲儿。

人生漫漫，我们有各自的烦恼，我们也有各自的幸福。其实我一直都坚信着，苦痛都是短暂的，只要足够勇敢，只要足够赤诚，无论是一个爱而不得的人，还是一个远观难握的梦想，总会有被感化和靠近的一天。

即使都没有，在这个过程中，我们也能收获不一样的风景和一路美妙绝伦的鲜花。这就是一场自我的修行和得到。

图书在版编目（CIP）数据

你不必生来勇敢，天赋过人 / 席慕蓉蓉著 . — 北京：现代出版社，2018. 8
ISBN 978-7-5143-7296-0

Ⅰ . ①你… Ⅱ . ①席… Ⅲ . ①成功心理—通俗读物 Ⅳ . ① B848.4-49

中国版本图书馆 CIP 数据核字（2018）第 182333 号

你不必生来勇敢，天赋过人

著　　者　席慕蓉蓉
责任编辑　阎　欣
出版发行　现代出版社
通信地址　北京市安定门外安华里 504 号
邮政编码　100011
电　　话　010-64267325　64245264（传真）
网　　址　www.1980xd.com
电子邮箱　xiandai @ vip.sina.com
印　　刷　吉林省吉广国际广告股份有限公司
开　　本　880 × 1230　1/32
字　　数　126 千字
印　　张　8.25
版　　次　2018 年 11 月第 1 版　2018 年 11 月第 1 次印刷
书　　号　ISBN 978-7-5143-7296-0
定　　价　39.80 元